V&R

Jugendgottesdienstteam St. Maria

Spielen statt predigen

Szenen für Jugendgottesdienste

Erarbeitet vom Jugendgottesdienstteam St. Maria, u. a.
Felix Baqué, Julian Dehnert, Benjamin Eckstein,
Dominik Eckstein, Franziska Ernst, Philipp Feil,
David Mairle, Tamara Rosenbach, Marina Schmautz,
Julia Schmitt, Kristina Wiß sowie Diakon Richard Fock
und als Herausgeberin Julia Schmautz.

Vandenhoeck & Ruprecht

JUGEND IN DER KIRCHE

Mit 5 Abbildungen
Illustrationen von Rebecca Meyer
Umschlagabbildung: Jan Mönnich, Junge Gemeinde Leine-Solling

Bibliografische Information der Deutschen Nationalbibliothek

Die Deutsche Nationalbibliothek verzeichnet diese Publikation in der Deutschen Nationalbibliografie; detaillierte bibliografische Daten sind im Internet über http://dnb.d-nb.de abrufbar.

ISBN 978-3-525-63034-1
ISBN 978-3-647-63034-2 (E-Book)

Printed in Germany.
Satz: textformart, Göttingen
Druck und Bindung: ⊕ Hubert & Co, Göttingen

Gedruckt auf alterungsbeständigem Papier.

Inhalt

Lebenssinn – Lebenswahl

Advent – Weihnachten – Karfreitag

Einleitung: Wer – was – wozu – und wie?

Die Idee: Anspiele zur Verkündigung

Jugendliche feiern gern. Auch Gottesdienst. Nicht so gern hören sie lange Predigten. Insbesondere dann nicht, wenn sie selbst nicht darin vorkommen bzw. wenn sie nicht spüren, dass sie vorkommen. In der Jugendarbeit sind daher Anspiele ein beliebter Schlüssel zur Verkündigung: Jugendliche spielen vor und spielen selbst, was ihnen auf den Nägeln brennt, was sie bewegt, was ihren Alltag ausmacht. Wenn das der Liturg aufnimmt und das Erspielte mit der Bibel in Berührung bringt, dann kann es richtig spannend werden. Brücken werden geschlagen, Fragen gestellt und Antworten gesucht. Und die Jugendlichen merken: Hier sind wir betroffen.

Das JuGo-Team – Wer sind wir?

Das JuGo-Team wurde 2002 als ein Projekt im Rahmen der Firmung ins Leben gerufen. Unter der Leitung von Diakon Richard Fock war es die Aufgabe der angehenden Firmlinge, sowohl den Firmgottesdienst als auch zwei vorbereitende Jugendgottesdienste zu gestalten. In den Mittelpunkt stellten wir je ein Anspiel: zwei voneinander unabhängige, aber doch aufeinander abgestimmte Szenen, die dann in einer kurzen Ansprache aufgegriffen und kommentiert wurden.

Diese Gottesdienste fanden großen Anklang, und zwar nicht nur bei Jugendlichen, sondern auch bei deren Eltern, bei Erwachsenen und Familien.

So entstand der Wunsch, dieses Projekt doch weiterhin am Leben zu erhalten. Da es dem Team selbst sehr viel Spaß machte, Gottesdienste für Jugendliche interessant zu gestalten, bildete sich aus einem Teil dieser Gruppe das JuGo-Team. Seither kommen alle zwei Jahre im Rahmen der Firmung neue Jugendliche dazu, von denen jeweils einige dabeibleiben und damit diejenigen ablösen, die die Gruppe verlassen. So sind wir immer ein Team von etwa zehn Jungen und Mädchen im Alter von 15 bis 25 Jahren.

Was tun wir?

Das JuGo-Team gestaltet jährlich etwa vier Gottesdienste in seiner Heimatgemeinde Möglingen. Dazu kommen jährlich das Anspiel zum ökumenischen Gottesdienst beim örtlichen Straßenfest und ein „Gastauftritt" in der Schwestergemeinde Schwieberdingen. 2010 fand erstmals ein Dekanatsjugendgottesdienst in Möglingen statt.

Wie entstehen die Spielszenen?

Die Termine der Jugendgottesdienste werden im Rahmen der jährlichen Gottesdienstplanung festgelegt. Sofern nicht ein bestimmter kirchlicher Festgottesdienst oder Themengottesdienst gestaltet werden soll, liegt die Wahl des Themas beim JuGo-Team.

Etwa vier Wochen vor dem Gottesdienst trifft sich das Team, um das Thema festzulegen und ein Brainstorming zu den Sketchen durchzuführen. Anschließend werden bis zum nächsten Treffen die Sketche geschrieben. Unser Diakon wählt einen zum Thema passenden Bibeltext und schreibt die Auslegung, die die Thematik der Sketche mit dem Bibeltext verknüpft.

Die Szenen werden immer auf die Mitwirkenden zugeschnitten. Das betrifft sowohl die Anzahl der im Sketch vorkommenden Personen als auch die Charaktere, die dargestellt werden können. Jeder von ihnen ist Inspiration beim Schreiben der Sketche. Bei den weiteren Treffen werden die Szenen einstudiert – die Texte verteilt und gelesen. Jede Probe gleicht einer kleinen Schulung, bei der die rhetorischen und schauspielerischen Fähigkeiten des Teams trainiert werden.

Was bieten wir an?

Im Folgenden haben wir unsere schönsten Anspiele zusammengestellt: meistens je zwei Szenen mit einer Einführung ins Thema, sortiert nach Themen oder auch Anlass. Gedanken, die man anschließend predigen könnte, haben wir nur kurz skizziert (wir sind keine Pfarrer!).

Wir meinen, dass unsere Spiele auch anderen Planern von Jugendgottesdiensten helfen können, die Gemeinde zu packen. Außerdem können sie als Vorlagen dienen, damit sich Gruppen wie wir finden und sich trauen und Lust bekommen, selbst etwas Ähnliches auf die Beine zu stellen.

Wir sind katholisch, denken aber, dass unsere Spiele ebenso ökumenisch sind wie die Themen, die Jugendliche heute bewegen. Man ersetze „Firmung" durch „Konfirmation" und „Ministrant" durch „Kindergottesdienstkind" – dann wird es passen.

Tipps zur Umsetzung

Die Anzahl der Personen in den Sketchen variiert. In den meisten Fällen kann der Text aber auf weniger oder mehr Teilnehmer angepasst werden.

Die Namen der Darsteller entsprechen denen, die bei uns zum jeweiligen Zeitpunkt im Team mitgewirkt haben. So sind auch die Rollen und Ausdrucksweisen häufig denen der Teammitglieder angepasst, so dass die Sketche möglichst authentisch dargestellt werden konnten.

Versucht, die Rollen möglichst so zu verteilen, dass sich die Darsteller ein Stück weit identifizieren können. Der Text muss natürlich nicht wortwörtlich übernommen werden. Er ist allgemein und zeitlos gehalten und bietet Raum für Füllwörter, modernere Ausdrucksweisen und Kommentare. Ein Auswendiglernen ist nicht zwangsläufig nötig. Mit dem Text als Orientierung sind die Jugendlichen oft sicherer in der Umsetzung und die Wirkung auf den Zuhörer wird dadurch nicht beeinträchtigt. Übt die Anspiele vor der Aufführung und achtet auf langsame und deutliche Aussprache. Erfahrungsgemäß benötigt vor allem der ältere Zuhörer etwas Zeit, um dem Verlauf und den Inhalten folgen zu können.

Die „Bühne" kann den Räumlichkeiten entsprechend angepasst werden. Achtet darauf, dass die Haupthandlungen möglichst zentral stattfinden und jede Szene von möglichst überall gut sichtbar ist.

Bei Spielen, deren Haupthandlung ein Gespräch zwischen Jugendlichen ist, empfiehlt sich eine lockere Formation, sitzend oder stehend beziehungsweise kombiniert. Achtet darauf, dass alle Akteure gut sichtbar sind und niemand mit dem Rücken zu den Zuhörern steht oder sitzt.

Die benötigten Requisiten findet ihr jeweils im Text wieder. Je nach Belieben können die Szenen mit mehr oder weniger Requisiten dargestellt oder auch komplett der Fantasie der Zuhörer überlassen werden. Je nachdem, welche Möglichkeiten ihr habt.

Zum Church-Shouting verteilen sich die Sprecher an unterschiedlichen Stellen in der Kirche. Um eine perfekte Wirkung zu erzielen, sollte die Reihenfolge der Stichpunkte eingehalten werden. Wenn diese abwechselnd gerufen werden, bietet sich dem Zuhörer ein thematisch anspruchsvoller und akustisch interessanter Denkanstoß.

Hinten, von links: Kristina Wiß, Benjamin Eckstein, Julia Schmautz, Marina Schmautz
Vorn, von links: Dominik Eckstein, Julia Schmitt, Tamara Rosenbach
Es fehlen: Felix Baqué, Julian Dehnert, Franziska Ernst, Philipp Feil, Richard Fock, David Mairle

DIE ANSPIELE

GOTT – GOTTESDIENST – GLAUBE

1 Kirche – just for fun?

Mt 7,7–11

Das Thema

Müssen wir uns eigentlich verstecken, weil wir aktiv zur Gemeinde gehören? So ab und zu kommt der Gedanke schon mal auf. Jugendliche aus unserem Bekanntenkreis machen betretene Gesichter, wenn sie von unserem Engagement erfahren. Andere fragen nach. Wir finden, das ist ein wichtiges Thema für den Gottesdienst: Was sind unsere Motive? Stehen wir zu dem, was wir tun? Und weiter noch: Ist Gottesdienst vielleicht gar nicht so verstaubt und bierernst, wie manche Außenstehende unterstellen?

Wir haben zwei Meinungen eingefangen, wie sie uns vielfach begegnen, und wir stellen unsere eigenen Erfahrungen dagegen.

Im Gespräch soll deutlich werden: Lebensfreude und Gottesdienst widersprechen einander nicht, sondern gehören zusammen. Vielleicht wäre es nötig, das in der Gestaltung der Gottesdienste stärker zu bedenken? Dafür setzen wir als Jugo-Team uns ein – und möchten Zweifler und Skeptiker einladen, sich life und vor Ort zu überzeugen.

Rollen

- Zwei Personen, die nicht aus dem Team stammen
- Bis zu 6 Teammitglieder, hier:
  Kristina, Jonas, Jule, Trine, Benni, Jenny

Das Spiel

Person 1: Hey, ihr. Ihr seid doch in diesem Jugendgottesdienstteam, oder?

Kristina: Ja, warum fragst du?

Person 1: Na ich versteh nicht, wie man heute noch in die Kirche gehen kann.

Person 2: Genau, das ist voll öde. Macht doch gar keinen Spaß.

Jonas: Warum soll Kirche keinen Spaß machen? Es gibt schließlich noch mehr als nur den Sonntagsgottesdienst.

Jule: Und sogar der kann Spaß machen. Kommt immer auf die Leute an, die mitmachen.

Person 1: Ihr müsst ja alle wahnsinnig heilig sein, wenn ihr euch das freiwillig antut.

Benni: Ach wo … Das ist heut nicht mehr wie im Mittelalter, mit Beten und Fasten und Buße-Tun.

Person 2: Ihr betet nicht einmal?

Philipp: Es ist nicht vorgeschrieben zu beten. Man kann auch ohne „Ave Maria" und einen abendlichen Rosenkranz ins Bett gehen. Deshalb kann man trotzdem glauben.

Trine: Außerdem: Beten heißt ja nicht einfach Glaubensfloskeln runterlabern, sondern eher mit eigenen Worten danken oder um etwas bitten.

Person 1: Und was ist mit Vaterunser und so?

Jule: Ja, schon. Das gehört zum Gottesdienst dazu. Sogar in der Kinder- und Jugendkirche.

Person 2: Du machst auch noch Kinderkirche?

Jule: Warum nicht? Da lernt man viele nette Leute kennen. Und sinnvoll ist es auch.

Jenny: Richtig. Das gibt einem ein gutes Gefühl.

Trine: Es ist wie ein Hobby. Wir gehen ja auch auf Freizeiten oder machen Ausflüge.

Person 1: Kirche als Hobby …?

Jonas: Wir glauben an Gott. Das ist dann doch mehr als ein Hobby. Aber heutzutage muss die Kirche der Jugend was bieten, sonst bleibt sie weg.

Person 2: Eben. Und das fängt bei dieser kleinen Kirche hier an – wer mag denn da schon hingehen?

Person 1: Das stimmt. Ist eine ziemliche Hemmschwelle.

Jenny: Warum? Im Vergleich zu anderen Kirchen ist die doch echt schön.

Person 1: Ich fühl mich immer so eingesperrt. So ohne Sonne und so.

Person 2: Und im Winter ist es immer so kalt.

Jule: Aber nur, wenn die Heizung nicht an ist. Und im Sommer ist es schön kühl.

Trine: Außerdem gibt es auch Gottesdienste, die woanders abgehalten werden. Zum Beispiel Open-Air-Gottesdienste.

Kristina:	Allzu unbeständig sollte die Kirche aber auch nicht sein. Schließlich ist sie ein Ort, die den Menschen Halt geben soll.
Benni:	Genau. Ohne Kirche wüssten viele nicht, wo's langgeht.
Jenny:	Das könnt ihr jetzt doppeldeutig verstehen ...
Jonas:	Unsere Jugendgottesdienste machen echt Spaß.
Philipp:	Vor allem die Vorbereitungszeit.
Person 1:	Kirche – just for fun?
Jule:	Nicht nur. Du bist ja auch nicht immer nur spaßig drauf.
Kristina:	Aber wenn Kirche was für die Jugend anbietet, kann man schon sagen, dass es Spaß macht.
Benni:	Ich finde, Kirche sollte auch Spaß machen.
Person 2:	Na, wenn Kirche Spaß machen kann, geh ich auch mal wieder hin.

Gedanken zum Spiel und zum Bibeltext Mt 7,7–11: Klopfet an ...

Menschen erleben Gottesdienst häufig als leidige Pflicht, die man gern wegschiebt. Jesus meint es – so wie unser Jugo-Team – ganz anders: als Einladung zum Miterleben, Mitfeiern und Mitmachen. Die Begriffspaare: „Suchen – finden“, „bitten – erhalten“, „klopfen – offene Türen finden“ machen es deutlich: Wo Menschen aktiv werden und etwas erwarten, da hat Gott, da hat der Glaube alles zu bieten. Wir sollten uns nicht selbst aus dem Reich Gottes aussperren – oder aus der Gemeinschaft der Kirche –, wir dürfen uns einbringen, Forderungen stellen und verlangen, dass wir Freude finden. Das Wort „fun“ greift da vielleicht doch zu kurz. Aber Freude, Freude am Leben – das gewiss. So dass wir mit unseren eigenen Worten mitbeten mögen, was ein Psalmsänger vor Jahrhunderten dichtete: Herr, ich liebe den Ort, wo dein Tempel steht, die Stätte, wo deine Herrlichkeit wohnt (Psalm 26,8).

2 Glauben – was bringt das?

Lukas 2,28–35a

Thema

Oft sitze ich (Jule) in der Kirche und bemerke, wie ich während einer Lesung gedanklich abschweife, weil das, was da erzählt wird, für mich nicht recht greifbar ist. Die Texte sind alt und schwer zu verstehen. Oft fehlt mir der geschichtliche Hintergrund, um bestimmte Begriffe einordnen zu können, oder ich finde die Verbindung zu meinem heutigen Leben nicht. Dabei ist das meiste, das in der Bibel steht, brandaktuell und könnte, in einen modernen Kontext gestellt, ebenso aus unserem Alltag stammen. Und wenn ich mir die Zeit nehme, mich mit dem Text auseinanderzusetzen, dann wird mir vieles plötzlich klarer. Und am meisten verstehe ich, wenn ich die Texte in einer Gruppe bespreche. Wenn mir jemand etwas erklären kann, das ich nicht verstanden habe, wenn sich daraus ein Gespräch entwickelt und plötzlich ein Wort das andere gibt. Und dann stehen zwischen den Zeilen dieses uralten Textes Dinge aus meinem Leben, Gedanken, mit denen ich mich jeden Tag beschäftige, Probleme, die ich selbst immer wieder meistern muss. Und dann soll mir mal einer sagen, die Bibel wäre nicht aktuell!

Rollen

- Lehrer/in
- bis zu acht SchülerInnen (Julian, Dome, Trine, Benni, Franzi, Juli, Philipp, Julia)

Das Spiel

Ein Unterrichtsgespräch

Lehrer: Wir wollen uns heute mit Simeon beschäftigen. Ich nehme an, ihr habt alle eure Hausaufgaben gemacht und Lukas 2,32–34 gelesen?

Julian: Wir hatten Hausaufgaben?

Dome: Scheiße, warum sagt mir das keiner?

Lehrer: Jungs – wollt ihr mir irgendwas mitteilen?

Dome: Ja also ...

Julian: Vergessen ...

Lehrer: Sonst noch jemand? – Also gut. Dann schauen wir uns noch mal kurz die Stelle an und sprechen dann über Simeon. Wer stellt die Kernaussagen vor?

Trine: Jesus wird ein Zeichen sein, dem widersprochen wird; es kommen viele zu Fall; viele werden aufgerichtet; die Gedanken vieler Menschen werden offenbar ...

Lehrer: Sehr gut. Genau das sind die Punkte, die Simeon prophezeit. Und nun die Frage: Hatte er recht?

Julian: Ja.

Lehrer: Und warum?

Julian: Weil...

Benni: Wenn Simeon nicht Recht gehabt hätte, gäbe es wohl heute keine Christen.

Lehrer: Vielleicht schauen wir uns Simeons Prophezeiungen mal einzeln an: „Jesus wird Zeichen sein, dem widersprochen wird."

Franzi: Also widersprochen haben Jesus ja so einige! Zum Beispiel die Hohepriester.

Juli: Und die Juden!

Philipp: Ich würde auch widersprechen, wenn jemand käme, der von sich behauptet, er wäre Gottes Sohn!

Dome: Was hat das denn aber bitte mit heute und mit uns zu tun?

Trine: Na überleg mal, wie viele Leute es heute noch gibt, die dem widersprechen, was über Jesus gesagt wird!

Benni: Ja. Im Islam zum Beispiel wird ja Jesus nicht als Gottes Sohn anerkannt, sondern nur als Prophet.

Philipp: Auch mit dem, was er fordert, wie man leben soll und so ...Das ist doch heute nicht mehr umsetzbar!

Juli: Oder wenn du es versuchst, eckst du nur an ...

Julian: Ja. Geh mal in irgendeine Disco oder auf die Straße und ruf mal rum, dass du Christ bist, an Gott glaubst und versuchst, nach der Bibel zu leben – da wirst du gesteinigt!

Franzi: Das ist auch schwierig in einem Land mit Religionsfreiheit, wo jeder was anderes glaubt. Und schließlich haben die anderen Glaubensrichtungen auch was, oder?

Philipp: Oder der Atheismus. Irgendwie ist das doch einleuchtend, was die Glaubenskritiker so sagen. Vor allem, wenn man auch die Wissenschaft betrachtet. Es ist ja schon lange kein Geheimnis mehr, dass es so was wie Evolution gegeben hat, dass der Mensch vom Affen abstammt und so weiter. Und wo ist da der Gott, der das geschaffen haben soll?

Lehrer: Das ist ein kritisches Thema. Darauf wollen wir jetzt nicht genau eingehen. Aber du hast natürlich recht. Da gibt es auf jeden Fall einige Dinge, die widersprüchlich scheinen. Aber vergesst nicht, dass die Bibel auf Glaubenszeugnissen beruht!

Benni: Ich denke, da muss man einfach Kompromisse finden. Und dafür muss der Glaube heutzutage einfach offen sein.

Dome: Was ist jetzt mit dem anderen, was dieser Simeon noch so behauptet? Wer kam denn zu Fall wegen Jesus? Er wurde doch gekreuzigt!

Trine: Vielleicht in Gottes Augen. Vielleicht, dass Gott an Jesus erkennen konnte, wer ihn wirklich lieb hat und wer nicht.

Julian: Gott lieb haben – das ist aber ziemlich viel verlangt.

Franzi: Ja, eben. Und denk mal: Wie viele Menschen sind „zu Fall" gekommen nach einer Krise? Sie waren voll Zweifel und konnten nicht mehr an Gott glauben.

Philipp: Heutzutage ist es ja nicht gerade angesagt, sich öffentlich zu seinem Glauben zu bekennen. Da wirst du sofort abgestempelt und in eine Schublade gesteckt. Egal, ob du Satanist bist oder Atheist oder Christ. Da wirst du sofort in ein Schema gepresst, unabhängig von deiner eigenen Persönlichkeit.

Benni: Aber vielen gibt der Glaube auch Kraft, in unserer schnelllebigen Zeit zurechtzukommen und überhaupt zu überleben.

Juli: Und in Zeiten des Krieges und der Ungerechtigkeit ist es wichtig, an was zu glauben, das Hoffnung gibt.

Lehrer: Jetzt seid ihr schon beim nächsten Punkt: „viele werden aufgerichtet".

Dome: Ja das stimmt auf jeden Fall. Ohne den Glauben an einen Gott …

Philipp: Oder an eine andere höhere Macht – es muss ja nicht immer ein Gott sein!

Dome: … von mir aus auch „höhere Macht".

Lehrer: Nein. Wir wollen schon Gott sagen. Schließlich sind wir hier im Religionsunterricht.

Philipp: Nur, weil wir hier unsere Zeit absitzen müssen, muss das doch noch lang nicht heißen, dass wir an das alles glauben müssen, oder?

Trine: Ich finde auch, dass wir mittlerweile alt genug sind, für uns selbst zu entscheiden, an was wir glauben wollen und können. Schließlich hat der christliche Glaube einige Knackpunkte, die nicht immer einleuchtend sind oder schwer umsetzbar.

Julian: Sie können keinen zwingen, an Gott zu bleiben. Aber die Schulordnung verlangt nun mal, dass wir uns das hier antun.

Lehrer: Ihr habt also alle kein Interesse an diesen Themen? Am Glauben?

Philipp: So meinte ich das nicht. Aber ich kann nun mal nicht an alles glauben, was in der Bibel steht. Ich finde auch Aspekte aus anderen Religionen einleuchtend und ansprechend. Und auch einige Glaubenskritiker überzeugen mich.

Benni: Ich möchte den Glauben so leben, wie ich es für richtig halte. Mit Kompromissen und nicht so sehr festgelegt – offener einfach. Glaube ist doch offen, oder?

Lehrer: Ihr habt recht. Außerdem liefert ihr gerade das beste Beispiel für die nächste Prophezeiung Simeons. Ihr widersprecht, zweifelt und eure „Gedanken werden offenbar".

Dome: Was bedeutet: „Gedanken werden offenbar"?

Juli: Das heißt wohl so was wie, dass viele Menschen sich zu Jesus bekannt haben.

Lehrer: Nicht ganz. Eigentlich bedeutet es, dass der Grundgedanke an Aufbruch und die Hoffnung auf etwas Neues und Erlösendes schon in den Menschen war, bevor sie sich Jesus angeschlossen hatten.

Trine: Sie meinen: so was wie ein revolutionärer Gedanke?

Lehrer: So in etwa. Könnt ihr jetzt was damit anfangen?

Benni: Dann waren die Evangelisten so was wie die Revolutionäre. Sie haben ja Jesu Leben aufgeschrieben und weitergegeben und somit die ganze Bewegung erst ins Rollen gebracht.

Philipp: Das erklärt auch, warum so viele Menschen Jesus gefolgt sind, wenn sie schon auf so jemanden gewartet haben.

Juli: Das heißt doch dann aber auch, dass der Grundgedanke der Menschen damals und unsere Gedanken heute sehr ähnlich sein müssen. Sonst gäbe es ja heute nicht so viele Menschen, die Christen sind und sich dazu bekennen.

Dome: Das stimmt. Nur dass es heute kein Umbruch mehr ist, sondern der Erhalt des Glaubens.

Franzi: Na ja. Meist spielt Umbruch schon noch eine Rolle. Schließlich muss ja im Kopf der Menschen ein Umbruch stattfinden, wenn sie sich zu einer Religion bekennen.

Philipp: Oder sich von ihr abwenden.

Benni: Und es müssen heute noch wahnsinnig viele Menschen den gleichen Gedanken hegen. Wenn man bedenkt, wie viele Christen es gibt, die alle das Gleiche glauben.

Trine: Also hat Simeon tatsächlich recht behalten.

Juli: Und das, was er gesagt hat, gilt sogar heute noch!

Julian: Eigentlich krass, wenn man bedenkt, wie lang das her ist, dass er das gesagt hat …

Dome: Und damals konnte man noch nicht mal abschätzen, was für Folgen Jesu Leben für die Menschen seiner Zeit haben würde.

Philipp: Irgendwie habe ich das Gefühl, dass Simeon hier prophezeit, dass Jesus für jeden Menschen – egal wann er lebt, woran er glaubt, wer er ist – ein Zeichen ist.

Julia: Ja da könntest du recht haben. Aber jeder muss selbst entscheiden, was dieses Zeichen für ihn bedeutet.

Gedanken zum Spiel und zum Bibeltext Lk 2,28–35a

Mit wie viel Geduld und Hoffnung hat der Seher Simeon auf das Erscheinen des Messias gewartet! Alt geworden ist er darüber. Und dann erkennt er ihn – hält ihn in den Armen als ein neugeborenes Kind! Er segnet die Eltern und sagt ihnen, was er sieht: ein Zeichen. Und vor allem das: Anstoß! – Und ein Stein des Anstoßes ist Jesus bis heute. Eindrücklicher als eben im Anspiel können wir es uns kaum vor Augen führen. Die Botschaft des Messias macht Mühe – aber gerade deshalb lohnt sie sich!

3 Halbe Wahrheiten

Genesis (1 Mose) 1,31

Thema

Wer heute in der Bibel liest, darf nicht alles wörtlich nehmen, was darin geschrieben steht. Man sollte immer den geschichtlichen, politischen und sozialen Hintergrund bedenken, der sich dahinter verbirgt. Das soll jetzt aber nicht heißen, dass die Bibel ein alter Schinken ist, der schon lang an Aktualität verloren hat. Überträgt man die Texte in die heutige Zeit und in unser Leben, bleibt die Botschaft von der Liebe Gottes trotzdem dieselbe. Die Bibel selbst lehrt uns, kritisch zu hinterfragen und selbst nachzudenken, damit wir nicht auf die hereinfallen, die uns mit Halbwahrheiten und losen Versprechungen zu ködern versuchen. Sie warnt uns vor denen, die ihre Botschaft laut auf der Straße verkünden, in dem Glauben, dass der, der am lautesten schreit, mehr recht bekommt als die anderen. Aber Gottes Botschaft verbreitet sich nicht dadurch, dass sie laut publik gemacht wird, sondern durch Menschen, die als lebendiges Wort Gottes leben und wirken.

Rollen

Sketch 1

- Pfarrer, Gemeindeglied, Satanist, Kreationist, Politiker

Sketch 2

- Pfarrer
- Bis zu sechs Jugendliche (Jenny, Krisi, Benni, Trine, Jule, Philipp)

Das Spiel

Sketch 1: Statements

Pfarrer: Gott schuf den Menschen am sechsten Tag. Zuerst schuf Gott den Mann, als er aber sah, dass der Mensch allein war, erschuf er aus einer seiner Rippen eine Frau, die ihm zur Gesellschaft dienen sollte. Gott vertraute den beiden die ganze Schöpfung an: Tiere, Pflanzen, alles was auf der Erde lebt, sie sollten über sie herrschen. Des Weiteren sollten sie fruchtbar sein und sich vermehren und die Erde bevölkern. Eine Zeit lang durften sie noch im Paradies wohnen, dann aber verführte eine Schlange Eva und sie aß vom Baum der Erkenntnis. Daraufhin verbannte Gott sie aus dem Paradies.

Gemeindeglied: Danke für dieses Gespräch. Ich denke, wir haben viel gelernt.

Pfarrer: Geht hinaus und erzählt allen, was ich euch erzählt habe.

Satanist (beim Ritual mit anderen): Die Frau ist unser Elend. Ihre Schuld ist es, dass wir Männer nicht mehr im Paradies leben. Ihretwegen wurden wir vertrieben. Die Frau war aber von vornherein uns untergeordnet, sie wurde nur aus der Rippe des Mannes erschaffen! Und ist uns deshalb untergeordnet. Nun wollen wir uns rächen für das, was die Frau uns angetan hat. Nicht nur im Paradies, sondern auch in unserem eigenen Leben. Darum opfern wir jeden Monat eine Frau, egal, ob alt oder jung oder ob Kind! Je früher dieses Unheil aus der Welt geschaffen ist, desto eher kehren wir heim ins Paradies!

Kreationist: Brüder und Schwestern, wendet euch ab von den Lügnern, die sich Wissenschaftler nennen! Der Mensch ist nicht aus irgendeinem Urviech entstanden und stammt schon gar nicht vom Affen ab. Das tun vielleicht die Wissenschaftler, die dies glauben. Der Mensch ist ein einzigartiges Wesen, das von Gott erschaffen wurde, nicht von einem Hirngespinst wie der sogenannten Evolution! Gott erschuf Menschen und Tiere, so wie sie jetzt sind. Wir sind einzigartig! Sollen die Wissenschaftler doch weiterhin von einem minderwertigen Wesen abstammen. Wir sind die Krone der Schöpfung!

Politiker: Wir tun nichts Unrechtes mit unserer Politik, meine Herren Minister, wir Menschen sind dazu bestimmt, über die Erde zu herrschen. Das sagt schon die Bibel – wortwörtlich. Aber nicht alle Menschen können gleichzeitig herrschen, daher ist es völlig legitim, wenn wir – oder vielmehr ich – das in ihrem Namen erledige. Also lassen Sie uns unser weiteres Vorgehen planen: Dem Irak wurde die Demokratie ja schon erfolgreich aufgezwungen, dann sollten wir noch andere östliche Länder unterwerfen und ihnen die Demokratie bringen und sie unter unsere Aufsicht stellen. Deutschland könnte noch etwas Entschädigung für den zweiten Weltkrieg zahlen, sozusagen als vorzeitigen Ablass, damit es später nicht allzu lange in der Hölle schmoren muss – dann können wir im Himmel über die gute alte Zeit reden, und sie hätten uns zu danken. Den Dank könnte man dann in ein paar Ländereien oder Finanzen ausdrücken. Außerdem sollten wir mehr Steuern erheben, damit der einzelne kleine Mann nicht zu reich wird. Außerdem könnte die Staatskasse das Geld gut brauchen, unsere Außenpolitik wird vermutlich eine Menge Geld und Soldaten kosten. Ich denke, das reicht vorerst. Ach so, wir könnten die Tier- und Umweltschützer härter bestrafen. Die Erde wurde uns zur Beherrschung gegeben, also können wir damit machen, was wir wollen. Ich glaube, es wäre sehr attraktiv, im Grand Canyon einen Freizeitpark einzurichten, und einer der zahlreichen Naturschutzgebiete wird zum Regierungsgolfplatz umfunktioniert. Es gibt genug andere Naturschutzgebiete. Und wenn wilde Tiere aussterben wollen, sollen sie es tun oder sie kommen in den Zoo. Meine Herren, veranlassen sie bitte das Nötigste.

Sketch 2: Pfarrer im Gespräch mit SchülerInnen

Pfarrer: Ihr dürft die Bibel nicht wörtlich verstehen. Man darf die Schöpfung nicht unterdrücken, auch der Mensch nicht. Wir müssen auf die Schöpfung achten und sie ehren und bewahren. Gott hat den Menschen planvoll erschaffen. Er war das Ziel seiner Schöpfung. Es war sein Wille, dass alles so geschaffen wurde, und vor allem, dass der Mensch ein gutes, liebevolles, verzeihendes Wesen ist. – Eure Aufgabe ist es jetzt, in unterschiedlichen Projekten diesen Auftrag Gottes an den Menschen zu erfüllen. Habt ihr Ideen für solche Projekte?

Jenny: Wir könnten einen Kräutergarten anlegen, den wir ohne Düngemittel auf ganz natürliche Weise pflegen. Gott hat den Garten Eden auch nicht mit Chemikalien gedüngt.

Krisi: Stimmt. Wir könnten sogar eine kleine Ecke einrichten, in der Schnecken die Kräuter essen dürfen, ohne vergiftet oder getötet zu werden. Sie sind schließlich auch Geschöpfe Gottes.

Benni: Wir könnten auch einmal im Monat einen Tag im Altersheim verbringen und den alten Menschen was vorlesen oder mit ihnen Canasta spielen.

Trine: Ja, die alten Menschen werden viel zu sehr vernachlässigt. Sie werden teilweise richtig abgeschoben und sie sind doch auch Menschen. Irgendwann sind auch wir alt – und wie schön wäre es dann, nicht vergessen zu werden!

Jule: Wir könnten auch ins Tierheim gehen, die Hunde spazieren führen, füttern helfen und mit den Tieren dort schmusen. Das vermissen die bestimmt. Vielleicht können wir auch ein paar Leute dafür gewinnen, ein Tier aus dem Tierheim zu holen.

Philipp: Ich habe auch einen Hund aus dem Tierheim geholt. Der war total einsam dort. Jetzt ist er ganz anhänglich und weicht nicht mehr von meiner Seite. Er ist mir richtig dankbar dafür, glaub ich.

Pfarrer: Dann wollen wir mal überlegen, wann und wie wir welches Projekt in die Tat umsetzen. Ihr sprüht ja nur so vor Ideen!

Gedanken zum Spiel und zum Bibeltext Gen 1,32

Das war doch wirklich sehr gut, was wir da eben gesehen und gehört haben! Das Zweite: Jugendliche, die sich einsetzen wollen. Die das Lob der Schöpfung als Auftrag verstehen, als den Auftrag, den Vorschuss einzulösen, der gegeben ist: eine gute Schöpfung, ein liebender Gott, ganz viel Hoffnung. Und nun sind wir dran. Wir sollen und dürfen was draus machen. Darauf kommt es an, wie viel mehr als auf Wortklauberei! Das erste Anspiel hat uns vor Augen geführt, was geschieht, wenn wir am Buchstaben kleben bleiben. Damit ist jedes Missverständnis möglich, jeder Missbrauch! Lesen wir die Schöpfungsgeschichte aber als ein Lied, ein grandioses Loblied auf den Herrn und seine Werke – dann wissen wir, was zu tun ist! Dann sprühen wir nur so von Ideen!

4 Deutschland sucht den Superchrist

Lukas 18,9–14

Thema

Ab und zu habe ich (Jule) das Gefühl, dass wir Menschen selbst bei unserem Besuch im Gottesdienst das Konkurrenz- und Wettbewerbsdenken, das wir im Beruf und im Alltag an den Tag legen, nicht ablegen können. Da gibt es Leute, die genau aufpassen, wer wann und wie oft in der Kirche war, wer wie viel Geld in den Opferstock wirft, aber auch, wer wie viele Aufgaben in der Kirchengemeinde übernimmt. Jeder möchte der Superchrist sein – der, der das frommste Leben führt, in der Kirchengemeinde den größten Einfluss hat oder die meisten Gebete und Lieder auswendig kann. – Dabei wären gerade der Gottesdienst und der Glaube an Jesus Christus die beste Möglichkeit, diese alltäglichen Angewohnheiten abzulegen, um genau der Mensch zu sein, der wir in unserem tiefsten Inneren sind. Der Mensch, den Gott geschaffen hat und den er über alles liebt. Jesus Christus interessiert sich nicht dafür, wie viele Gebete und Lieder ich auswendig kann. Er liebt mich, so wie ich bin, und ich kann ihn mit meinen eigenen Worten loben und ihm danken.

Rollen

Sketch 1

- Drei Jury-Mitglieder (Benni, Julia, Chrissi), fünf Kandidaten (Jonas, Philipp, Trine, Dominik, Julian)

Sketch 2

- Bis zu acht Jugendliche (Trine, Jonas, Julia, Chrissi, Benni, Julian, Dominik, Philipp)

Das Spiel

Sketch 1

Aufbau wie bei DSDS – Jury wartet, Kandidaten kommen rein

Jonas: Hi, Leute, ich bin der Jonas und ich bin fünfzehn Jahre alt.

Benni: Und du willst Superchrist werden?

Jonas: Ja. Ich denk mir halt, dass ich dafür geeignet bin, weil ich einfach gläubig bin. Ich bin Ministrant. Und ich leb meinen Glauben einfach. Ich find, Gott ist einfach 'n total krasser Typ.

Julia: Und du glaubst, er findet dich auch krass? So wie du rumläufst?

Jonas: Ich denk, Gott liebt einfach alle Menschen, so wie sie sind.

Chrissi: Jonas, ich find's toll, dass du deinen Glauben einfach lebst, aber ich weiß nicht, ob das den Zuschauern reicht, dich zum Superchrist zu machen.

Benni: Auf jeden Fall solltest du weiter am Glauben festhalten. Du hast recht. Gott liebt alle Menschen.

Jonas: Jo. Danke. Ciao.

Philipp: Hallo. Ich bin der Philipp und siebzehn Jahre alt und ich bin der Superchrist. Ich hab die religiöseste Erziehung genossen, die ihr euch denken könnt.

Benni: Und wie schaut die aus?

Philipp: Wir beten zu Hause immer gemeinsam vor dem Essen und danken unserem Schöpfer. Ich halte mich streng an die Zehn Gebote. Vor allem halte ich nichts von Sex vor der Ehe. Ich glaube, es würde meinem Herrn nicht gefallen, wenn ich mich einfach der körperlichen Lust hingeben würde.

Chrissi: Deine Einstellung ist völlig in Ordnung und es ist schön, dass du heutzutage damit leben kannst.

Julia: Um es direkt zu sagen, deine Einstellung ist absolut altmodisch und unvereinbar mit meiner Vorstellung von einem Superchrist.

Trine: Hallo, ich bin die Trine, bin siebzehn Jahre alt und eigentlich weiß ich gar nicht, ob ich so als Superchrist geeignet bin.

Julia: Was machst du dann hier?

Trine: Ich glaube halt an was Höheres, aber ich weiß nicht, ob es wirklich ein Gott ist. Und eigentlich kann ich mir nicht vorstellen, dass Gott mich bedingungslos liebt. Und ich halte auch nix von der Bibel. Ich finde die ist so altmodisch.

Chrissi: Jetzt muss ich aber doch auch fragen, warum du dann hier bist.

Trine: Meine Freundin sagt, dass jemand, der sucht und hinterfragt, eher den Weg zum Ziel findet als jemand, der sich einbildet, der Beste zu sein.

Benni: Gott wird dich sicher finden und er liebt dich. Aber du bist nicht der Superchrist, den die Welt sucht.

Trine: Ja. Trotzdem danke.

Dominik: Hi, ich bin der Dominik und ich bin Superchrist.

Benni: Wieso glaubst du das?

Dominik: Ja also, ich bete immer vor dem Essen und vorm Schlafengehen. Ich kann alle Gebete auswendig. Schon seit der ersten Klasse, also Vaterunser und Ave Maria und Rosenkranz und so.

Chrissi: Dann gib doch mal ne Kostprobe vom Ave Maria.

Dominik: Ja, klar. Also: Ave Maria … äh … du bist … voll … Gnade … und gebenedeit … und … ja… äh

Julia: Schon gut, vergiss es. Wenn du glaubst, du könntest uns verarschen, ja! Was du machst, ist Prahlerei und Gotteslästerung. Ich bezweifle, dass Gott solche Leute wie dich überhaupt liebt.

Dominik: Aber ich kann's wirklich und ich bin so gläubig und ich muss einfach Superchrist werden!

Benni: Tut uns leid, das entscheidet das Publikum.

Julian: Hallo. Ich bin der Julian.

Chrissi: Und du willst Superchrist werden.

Julian: Nö. Ich wollt euch einfach nur mal meine Meinung sagen. Ich finde eure Sendung absolut das Letzte. Wie kommt ihr drei Heinis eigentlich auf die Idee, einen Superchrist zu suchen? Das ist doch anmaßend! Gott liebt alle Menschen und ihr zerstört hier die Glaubensbilder glücklicher Menschen. Für Gott gibt es keinen Superchrist. Jeder glaubt auf seine Weise. Nur weil ihr irgendwas Theologisches studiert habt, seid ihr noch lang keine Heiligen. Nicht mal der Papst nennt sich Superchrist – und der gilt als unfehlbar!

Benni: Also, das mit der Unfehlbarkeit …

Julian: Das tut nix zur Sache. Es geht ums Prinzip.

Julia: Und ich werf dich aus Prinzip raus! Los, verschwinde!

Julian: Ich will nur, dass die Welt weiß, dass Gott alle Menschen liebt! Es gibt keinen Superchrist!

Sketch 2:

Trine: He, Leute, habt ihr die letzte Folge von „Deutschland sucht den Superchrist" gesehen?

Jonas: Ja klar. War mal voll krass, Mann.

Julia: Mir hat ja dieser Jonas gefallen. Der war völlig natürlich und nicht so abgedreht.

Christina: Ja. Nicht so wie dieser Philipp, der so total streng erzogen ist und so.

Benni: Ja, von wegen kein Sex vor der Ehe. Das ist doch Quatsch. Das glaub ich dem nie.

Jonas: Wie soll das überhaupt gehen? Weiß der, was er verpasst?

Julian: Wahrscheinlich nicht.

Dominik: Erinnert ihr euch noch an diesen Dominik?

Christina: Diesen Möchtegern-Christen, der noch nicht mal ein Vaterunser beten kann?

Dominik: Ja der. Der geht bei meinem Cousin in die Klasse.

Julian: Ja, da ist er wohl auch unten durch jetzt.

Dominik: Zumindest im Reli-Unterricht.

Philipp: Diese Trine war ja auch ganz schön mutig, was?

Julia: Ach was, die hat sich halt von ihrer Freundin drängen lassen.

Benni: Das war bestimmt so ne Scheinfreundin, die sie nur verarschen wollte.

Trine: Trotzdem kann ich mich ganz gut mit ihr identifizieren. Ich weiß manchmal auch net so recht, was ich glauben soll.

Christina: Stimmt schon. Jeder sollte so sein eigenes Ding finden.

Julia: Dann wartet mal, bis ihr in der Schule die Glaubenskritiker durchgenommen habt. Da kann man ganz schön ins Zweifeln kommen.

Julian: Ja. Vor allem, weil sich selbst die Thesen der Kritiker irgendwie logisch anhören.

Dominik: Was haltet ihr eigentlich von diesem Julian?

Philipp: Der, der die ganze Sendung zum Affen gemacht hat?

Dominik: Ja. Den fand ich mutig.

Julia: Ich mag ja diese Art von Sendung sowieso nicht, in der immer die Leute fertig gemacht werden.

Benni: Ich find, der hat dieser Jury mal ganz schön die Meinung gegeigt.

Christina: Aber irgendwie ist es schon ne Frechheit.

Julian: Aber er hat recht! Es ist anmaßend zu behaupten, man könnte den Superchrist bestimmen. Wenn das einer kann, dann Gott.

Trine: Außerdem heißt es ja schon in der Bibel, dass Gott alle Menschen liebt. Dafür brauch ich kein Superchrist zu sein.

Jonas: Meint ihr, das wirkt sich irgendwie auf die Sendung aus?

Benni: Meinst du: weniger Zuschauer?

Jonas: Ja, das wär doch cool.

Dominik: Das wär total doof. Möchtest du, dass jemand deine Sendung boykottiert?

Julia: Aber das ist doch der springende Punkt! Das ist doch alles Geldmacherei!

Jonas: Genau. Wenn ich glaube, dann aus Überzeugung.

Trine: Und nicht aus Geldgier.

Dominik: Von der Seite hab ich das gar nicht betrachtet. Ich fand die Sendung irgendwie cool.

Christina: Ich glaub sowie so nicht, dass es viel ausmacht. Vielleicht sind die Leute jetzt noch gespannter als vorher, was passiert.

Philipp: Ich werd auf jeden Fall weiter zuschauen und abwarten, wer Superchrist wird. Es stehen ja noch ein paar Bewerbungen aus.

Julia: Mal sehen, ob noch mal was dabei ist in der Art.

Julian: Eigentlich müsste Julian Superchrist werden, wenn es nicht so gegen seine Überzeugung wäre.

Jonas: Ich bin ja für Jonas. Der ist einfach cool und lässig, nicht abgedreht und hat auch keinen Schaden.

Philipp: Du meinst: von wegen kein Sex vor der Ehe.

Jonas: Klar. Wo lebt der denn?

Trine: Wenn's halt sein Glaube ist, dann lass ihn.

Julian: Auf jeden Fall bin ich immer noch der Meinung, dass es keinen Superchrist gibt.

Gedanken zum Spiel und zum Bibeltext Lk 18,9–14

Was hat Julian da gerade gesagt? Es gibt keinen Superchrist. Leute, er hat recht! Woher ich das weiß? Aus allerbester Quelle. Jesus selbst hat es gesagt – na ja: nicht „Christ" und auch nicht „super", aber er hat eine kleine Geschichte erzählt. Da fragten ihn einige, die sich für sehr, sehr fromme, für vorbildliche Gläubige hielten, ob sie nicht vollkommen seien in Gottes Augen. Und Jesus sagte nein. Er sagte es mit einem Gleichnis, und dieses Gleichnis ist deutlich genug: Zwei Menschen stellen sich vor Gott. Der eine fängt an, sich zu rühmen. Er halte alle Gebote, er feiere jedes Fest, er halte Fastenzeiten, er gebe Spenden … Der andere sagt lieber gar nichts. Jeder kennt ihn – er denkt mehr an sich als an Gott. Und dann sagt er doch was: Verzeih mir, Gott. – Wer ist der vollkommene Gläubige? Keiner von beiden, das sehen Sie sicherlich ein. Aber eines sagt Jesus und das ist eine Supersache: Der, der „verzeih" zu Gott sagt – dem wird verziehen. Jesus sagt: Der ist gerechtfertigt!

5 Wo gehöre ich hin?

Exodus (2 Mose) 33,18–23

Thema

Wo gehöre ich hin? – eine Frage, die sich immer wieder einmal stellt. Wir fragen nach unserer Zugehörigkeit, nach unserem Platz in der Gesellschaft, unseren Aufgaben und Zielen. Doch die Frage, die dabei im Vordergrund steht, ist eigentlich eine andere: Wer bin ich?

Wir versuchen, uns zu definieren: über unsere Aufgaben und Berufe, Freunde und Familie, Hobbys. Und im Zuge unserer Frage nach uns und unserer Existenz treffen wir häufig auf eine Frage, die wir noch weniger beantworten können: die Frage nach der Existenz Gottes. Gibt es ihn wirklich? Wie sieht er aus? Was macht er den ganzen Tag? Kennt er mich überhaupt?

Kein Familienmitglied, Freund oder Arbeitskollege kann diese Frage beantworten. Die Antwort muss jeder Mensch für sich selbst finden. Die Existenz Gottes ist nicht wissenschaftlich belegbar, aber erfahrbar. Wer an Gott glaubt, kann seine Anwesenheit spüren und erfährt, dass Gott jeden Einzelnen von uns beim Namen kennt. Für Gott ist klar, wer wir sind und wo wir hingehören: Wir sind seine Kinder und sind da zu Hause, wo er unter den Menschen lebt.

Rollen

- LehrerIn
- Bis zu acht Jugendliche (Juli, Trine, Julian, Benni, Franzi, Philipp, Dome, Kristina)

Das Spiel

Sketch: Klassengespräch

Lehrerin: Guten Morgen Jungs und Mädels. Heute wollen wir über Gott und die Welt sprechen.

Juli: Ist das nicht eigentlich normal im Reli-Unterricht?

Trine: Über Gott und die Welt – das sagt man ja so. Aber Sie meinen es ernst, oder?

Lehrerin: Ich möchte mit euch über eure Beziehung zu Gott reden.

Julian: Alter, bin ich schwul oder was?

Benni: Nicht so ne Beziehung, du Hirni!

Julian: Wie dann?

Franzi: Ich glaube, sie meint eher deinen Glauben.

Philipp: Also, ich glaube nicht an Gott!

Kristina: Wieso nicht?

Philipp: Ich kann mir nicht vorstellen, dass da oben auf Wolke-Nummer-was-weiß-ich ein alter weißbärtiger allmächtiger Opa sitzt, der auf uns aufpasst.

Lehrerin: Und wer sagt dir, dass Gott so aussieht?

Dome: So sieht er doch auf jedem Gemälde aus. Weiß doch jedes Kind.

Trine: Und woher, bitte, wussten die Künstler, dass er so aussieht? Haben die den gesehen?

Philipp: Siehst du, da geht's schon los! Keiner hat ihn gesehen, aber jeder glaubt daran, dass er so aussieht.

Lehrerin: Wie sieht Gott denn für euch aus? Oder was für Charaktereigenschaften hat er? Wer ist er für euch?

Dome: Also, ich glaub, er sieht wirklich aus wie so'n Rauschebart-Opa. Und er hat ganz viele blonde Engel!

Kristina: Ich habe mir noch gar keine Gedanken gemacht, wie so ein Gott aussehen könnte.

Lehrerin: Aber du glaubst an Gott?

Kristina: Ich bin mir nicht sicher, ob ich an den Gott glaube, an den die anderen glauben. Ich denke, dass es da oben schon so was wie eine höhere Macht gibt, die über alles wacht und so, aber ich bin mir nicht sicher, dass ich das als Gott bezeichnen möchte.

Trine: Ist es nicht auch egal, an welche Art Gott man glaubt? Wenn man so die ganzen Weltreligionen vergleicht, dann sind die Menschen an sich alle ähnlich. Ob die an einen Gott glauben oder an ganz viele. Deshalb sind die Menschen auch nicht besser oder schlechter.

Lehrerin: Das stimmt. Auch wenn die Religionen und Glaubensrichtungen teilweise sehr weit auseinanderliegen, ist der Grundgedanke doch der gleiche.

Franzi: Glauben wir Christen nicht eigentlich auch an drei Götter?

Juli: Nee. Wir glauben an den dreieinigen Gott.

Julian: Ist das nicht dasselbe?

Benni: Nein, ist es nicht! Wenn man an drei Götter glaubt, dann sind das drei – ich sage mal – Personen. Und dann hat jeder Gott meistens auch einen Aufgabenbereich. Der dreieinige Gott ist eine Person.

Philipp: Da seht ihr den nächsten Unsinn: drei Personen in einer Person. So was geht nur in einem schlechten Science-Fiction-Film.

Dome: Du musst ja nicht daran glauben! Aber woran hältst du dich dann fest? Wohin kommst du nach dem Tod?

Philipp: Ja, was ist das überhaupt für ein Gott, der Schmerz und Tod zulässt?

Lehrerin: Damit beschäftigt sich die Theodizee-Frage. Das kommt nächste Stunde.

Julian: Woher weiß man eigentlich, an welchen Gott man glauben soll? Oder welcher Religion man am besten angehören sollte?

Benni: Also, ich bin so erzogen worden. Meine Eltern sind Christen und so haben sie mich erzogen.

Kristina: Meine Eltern haben mich auch so erzogen, aber ich glaube trotzdem nicht so direkt an einen Gott. Ich glaube, ich muss da für mich was Passendes finden.

Juli: Meine Eltern sind nicht gläubig, aber sie haben mich trotzdem getauft. Ist halt einfach ein schönes Fest. Außerdem tauft man Kinder halt.

Lehrerin: Und „die beste" Religion gibt es nicht. Nur die „für mich beste" Religion. Und ihr habt recht: Das ist oft die, in die man hineinwächst, die, die auch den Menschen, die um einen herum sind, etwas bedeutet.

Trine: Ich finde es auch ganz wichtig, dass man keinen ausschließt, nur weil er an etwas anderes glaubt. Deshalb ist man ja nicht gleich ein schlechterer Mensch.

Franzi: Das finde ich auch. Jeder muss für sich selbst herausfinden, wo er hingehört.

Kristina: Außerdem hat man jederzeit die Möglichkeit, sich doch noch für einen Gott zu entscheiden.

Philipp: Oder dagegen.

Benni: Oder auch dagegen. Außerdem glaube ich, dass Gott für alle da ist. Auch für die, die nicht an ihn glauben.

Julian: In der Kirche betet man ja auch für die mit, die nicht glauben. Weil Gott ja alle Menschen liebt.

Lehrer: Richtig. Und um die ganze Diskussion etwas abzurunden: Wie weit sind wir jetzt mit unserer Frage nach Gott? Was haben wir herausgefunden?

Kristina: Dass man Gott nicht sehen kann.
Dome: Dass Gott viele Gesichter hat.
Trine: Dass man jederzeit seinen Glauben neu entdecken kann.
Philipp: Dass ich nicht ausgegrenzt werde, obwohl ich nicht an Gott glaube.
Benni: Dass Christen schöne Feste feiern, wie Taufe, Kommunion, Firmung …
Julian: Dass Gott nicht leicht zu verstehen ist.
Juli: Glaube ist für alle da.
Franzi: Dass jeder für sich selbst rausfinden muss, wo er hingehört.

Gedanken zum Spiel und zur Bibelstelle Exodus 33,18–23: „Mein Angesicht kann man nicht sehen“

Erfahrungen mit dem unverfügbaren Gott kennen auch die Erzähler der Bibel. Wie die Jugendlichen, die wir gerade gehört haben, fragten sie sich: Ist Gott wirklich? Oder ist er bloß eine Idee? Mose, so erzählen sie, der mit Gott so sehr vertraut war, dass er seinen Namen kannte und seine Gebote zu den Menschen brachte, Mose hatte auch einmal den Wunsch, zu sehen, wirklich zu sehen, von Angesicht zu Angesicht, wer Gott denn sei. Er erfuhr, dass sein Wunsch unerfüllbar war. Aber er erfuhr auch noch mehr: Wie sehr Gott ihn liebte. Er schützte ihn gewissermaßen vor sich selbst. Und er gab ihm einen wichtigen Hinweis: Mein Angesicht kann man nicht sehen. Aber, Mensch: Du kannst mir nachsehen. Du kannst meine Spuren erkennen – in allem, was gut ist auf der Erde.

6 Bei Gott ist nie besetzt

Matthäus 6,24–25

Thema

Ich (Jule) kann mich noch an Zeiten erinnern, als ich im Zug und Bus zur Schule gefahren bin und auf der ganzen Fahrt war nichts anderes zu hören war als die verschiedenen Gespräche, die in den Abteilen geführt wurden. Fährt man heute in einem Zug oder Bus, hört man anderes: klingelnde Handys und scheinbare Selbstgespräche von Menschen, die in ihre Handys schreien, damit der andere am Ende der Leitung sie besser versteht. Und wer nicht gerade telefoniert, spielt mit dem Handy Spiele, schreibt SMS, hört Musik oder surft damit im Internet.

Es ist eine praktische Art der Kommunikation für unterwegs, wenn man grad nichts Besseres zu tun hat oder dringend jemanden erreichen will. Doch was ist der Preis dafür, dass wir ständig erreichbar sind? – Wir können uns nicht mehr erreichen. Ständig schalten sich andere Leute in unsere Treffen und Gespräche ein, unterbrechen uns oder beim Gesprächspartner ist besetzt. Je vielfältiger die technischen Möglichkeiten zur Kommunikation werden, desto weniger kommunizieren wir wirklich. Doch wem sollen wir uns anvertrauen, wenn überall besetzt ist? – Wenn keiner für uns Zeit zu haben scheint, können wir uns eines ganz einfachen und klassischen Kommunikationsmittels bedienen, das nicht einmal Strom braucht. Dann können wir beten. Gott hört zu. Egal, wann, und egal, wo. Bei Gott ist nie besetzt.

Rollen

- Vater, Mutter, Franzi
- Fünf Jugendliche (Kristina, Dome, Julian, Trine, Juli; für Sketch 2: Philipp)

Das Spiel

Sketch 1

Vater näht, Mutter sitzt am Laptop, Franzi kommt rein

Franzi: Paps, kannst du mir helfen? Ich hab da ein Problem und ich würde gern darüber reden.

Vater: Aber bitte nicht jetzt, mein Schatz. Du siehst doch, dass ich beschäftigt bin, und das ist ein ganz schlechter Augenblick, um zu unterbrechen.

Franzi: Es ist aber wirklich wichtig. Ich … *(Handy klingelt)*

Vater: *(lässt das Nähzeug fallen)* Ja bitte? Ach, Tom! Ja, klar, erzähl: Wie ist das Spiel denn ausgegangen?

Franzi geht zur Mutter.

Franzi: Mum?

Mutter: Nicht jetzt, Kind! Ich muss jetzt telefonieren. Die haben hier im Internet diese Handyflatrate … (greift zum Telefon)

Franzi verlässt das Haus, Kristina läuft vorbei

Franzi: He, Krissi! Gut, dass ich dich … *(Kristinas Handy klingelt)*

Kristina: Sorry, Franzi, ich muss … *(meldet sich, hört zu, schimpft)* Das kann ja wohl nicht dein Ernst sein! Hör mal, wir waren fest verabredet und …

Franzi nähert sich Dome und Julian. Sie sitzen da und spielen mit dem Handy.

Dome: Kennst du dieses Lied schon? Hab ich ganz neu.

Julian: Ja, kenn ich. Aber schau mal: Ich hab mir ein neues Spiel runtergeladen. Wenn du dir das auch holst, dann können wir gegeneinander spielen.

Dome: O cool! Wart mal, das mach ich gleich. Ich hab doch Internet mit meinem neuen Handy.

Franzi geht weiter, Trine kommt vorbei, das Handy am Ohr …

Trine: Hallo, Kim! Ja ich bin schon unterwegs. Du, ich muss dir unbedingt was erzählen …

Franzi wendet sich ab; Juli kommt ihr entgegen.

Juli: Hallo! Gut, dass ich dich treffe! Ich wollte grad zu dir.

Franzi: O das ist prima. Irgendwie scheint heute keiner Zeit zu haben. Alle hängen nur am Handy und ich ... *(Julis Handy klingelt.)*

Juli: Tut mir leid, ich muss kurz ran. Dauert nicht lang ... *(meldet sich; dann aufgeregt:)* Was? Das ist nicht dein Ernst?! Ja, klar. Ich komme sofort. Das ist ja der Hammer! Ja, ich ruf gleich noch Simon an. Und den Ralf! Bis gleich! *(zu Franzi:)* Tut mir leid. Ich muss los!

Geht telefonierend ab; Franzi bleibt allein zurück.

Sketch 2: Was wäre, wenn einen Tag lang die Handys ausfallen würden?

Vater näht, Mutter sitzt am Laptop, Franzi kommt rein

Franzi: Paps, kannst du mir helfen? Ich hab da ein Problem und ich würde gern darüber reden.

Vater: Aber bitte nicht jetzt, mein Schatz. Du siehst doch, dass ich beschäftigt bin, und das ist ein ganz schlechter Augenblick, um zu unterbrechen.

Franzi: Es ist aber wirklich wichtig. Ich brauche deine Hilfe.

Vater: Okay, mein Schatz. Lass mich das hier bitte noch kurz beenden, dann bin ich da.

Franzi: Danke.

Oder: Franzi geht zur Mutter.

Franzi: Mum?

Mutter: Nicht jetzt, Kind! Ich muss jetzt telefonieren. Die haben hier im Internet diese Handyflatrate... *(greift zum Handy)* ... komisch ... funktioniert nicht. Na, egal. Was brauchst du?

Oder: Franzi verlässt das Haus, Kristina und Philipp stehen da

Kristina: Super, Philipp. Gut, dass du Zeit für mich hast.

Philipp: Immer doch! Es ist immer besser, so etwas unter vier Augen zu besprechen.

Kristina: Dann gehen wir doch am besten da drüben ins Café ...?

Beide ab; Franzi kommt bei Dome und Julian vorbei

Dome: Eigentlich wollte ich dir meinen neuen Klingelton zeigen. Aber irgendwie spinnt mein Handy heute.

Julian: Das macht doch nichts. Lass uns kicken gehen. Das haben wir schon ewig nicht mehr gemacht.

Dome: Au ja, das ist eine gute Idee. Lass uns unterwegs bei Tom und Sebbi vorbei gehen. Vielleicht wollen die auch mit.

Beide ab, Juli kommt auf Franzi zu.

Juli: Hallo! Gut dass ich dich treff! Ich wollte grad zu dir.

Franzi: O, das ist prima. Ich wollte nämlich auch zu dir …

Gedanken zum Spiel und zum Bibeltext Mt 6,24

Niemand kann zwei Herren dienen – dem Handy und dem Leben. Das eine muss er lieben, das andere muss er zurückstoßen und vernachlässigen und im Stich lassen. Das haben wir eben gesehen. Wir haben es einmal negativ und einmal positiv gesehen. Es wurde sehr deutlich, welches Signal das Handy aussendet: „Sehr wichtig!" Offenbar ist dieses Signal deutlicher und drängender als die Signale, die Menschen aussenden, die direkt neben uns stehen. Das hat schon was von „Dienen". Und welche Befreiung auf der anderen Seite: Kein Handy – Kopf frei – kreative Ideen. Echtes Begegnen wie von selbst! „Niemand kann zwei Herren dienen – dem Mammon und Gott", lesen wir in der Bibel. Setzen wir Handy und Mammon gleich – beide sind Menschenerfindungen, beide seelenlos und versehen mit dem Label „sehr wichtig". Dann steht auf der anderen Seite die Gleichung: „das Leben" und „Gott". – Wie war das noch? Ist da nicht das Dienen Befreiung?

GESELLSCHAFT – GENERATIONEN – JUGEND

Die Jugend -ein Rätsel

7 Kalaschnikow statt Schaukelpferd

Johannes 12,20–33

Das Thema

Kindersoldaten gibt es auf der ganzen Welt. Wie viele es sind und welche Qualen sie erleiden, ist für uns nicht vorstellbar. Das ist keine Kindheit, wie wir sie kennen. Was haben wir nicht alles, was diesen Kindern fehlt: ein sicheres Zuhause, Verwandte und Freunde, Schule, Hobbys, Freizeit.

Kein Thema, über das man sich gern Gedanken macht – aber ein wichtiges. Was können wir tun? Wie können wir helfen? Sollte nicht jedes Kind die Möglichkeit haben, in Frieden erwachsen zu werden und jeden Tag sich selbst neu zu entdecken?

Wir beginnen damit, dass wir unsere Ratlosigkeit in die Kirche rufen, mitten hinein in den Gottesdienst. Anschließend sprechen wir vorn unser Rollen-„Spiel".

Rollen

- Bis zu acht Jugendliche (Franzi, Philipp, Dome, Trine, Benni, Julian, Juli, Julia)

Der Auftakt: Church Shouting

Die Stichpunkte werden von mehreren Personen im Wechsel von verschiedenen Orten in der Kirche gelesen. Wichtig: Reihenfolge einhalten!

- Afrika: 12000 Kindersoldaten im Einsatz
- Angola: 7000 Kindersoldaten im Einsatz
- Afghanistan: 9000 Kindersoldaten im Einsatz
- Sierra Leone: 8000 Kindersoldaten im Einsatz
- Kolumbien: 14000 Kindersoldaten im Einsatz
- Burma: 77000 Kindersoldaten im Einsatz
- Kongo: 30000 Kindersoldaten im Einsatz
- Weltweit: 300000 Kindersoldaten im Einsatz

- 90 % der Kriegsopfer sind zivile Opfer – Frauen und Kinder
- Jedes dritte Opfer ist ein Kind
- Haupttodesursache: Landminen und Streumunition
- Seit 1975 kamen über 1 Mio. Menschen durch Landminen ums Leben
- Jedes dritte Opfer ist ein Kind
- Sie sind 13, 14, 15 Jahre alt, manche älter, aber alle unter 18
- Viele sind auch noch jünger: 8 oder 9 Jahre

- Aber warum Kinder?
- Kinder sind billig
- Kinder sind entbehrlich – es gibt genug davon
- Kinder sind leicht zu manipulieren
- Kinder können leicht zu furcht- und gedankenlosem Gehorsam bewegt werden
- Diese Kinder stehen meist unter dem Einfluss von Drogen
- Sie werden gezwungen, die Menschen, die sie am meisten lieben, zu quälen und oft sogar zu töten
- Aber warum Kinder?

Das Spiel

Franzi: Ist es nicht abartig?

Philipp: Was meinst du?

Franzi: Den Amoklauf – in dieser Schule …

Dome: Ja das ist es.

Trine: Ich begreife nicht, wie ein Mensch in der Lage sein kann, so was Schreckliches zu tun.

Benni: Was in so einem Menschen wohl vorgeht?

Julian: In was für einer Gesellschaft leben wir eigentlich, die aus Kindern Killer macht?

Juli: In einer Gesellschaft, in der Kinder mit gewalttätigen Computerspielen und Videos aufwachsen und der Vater die Waffen vom Schützenverein in der Nachttischschublade aufbewahrt.

Julia: Wusstet ihr, dass Deutschland der viertgrößte Exporteur von Kleinwaffen ist?

Trine: Das wundert mich nicht. Bei den Unsummen, die wir in Militär und Krieg investieren!

Dome: Wie viel ist das?

Trine: Über 40 Milliarden Euro jährlich! Und das sind nicht mal 5 % der Gesamtausgaben für Militär weltweit!

Philipp: Jaja: „Qui desiderat pacem, praeparet bellum."

Julian: Waaas?

Juli: „Wer den Frieden will, rüste zum Krieg."

Julian: Ach so.

Benni: Ja, da ist was dran. Wenn man bedenkt, in wie vielen Ländern dieser Welt Krieg ist …

Julia: Die Rüstungsindustrie freut sich.

Franzi: Das Schlimmste ist, dass die meisten Opfer Kinder sind. Unschuldig und wehrlos.

Juli: Vor allem, weil so viele Kinder als Kindersoldaten missbraucht werden.

Trine: Das ist sowieso die allergrößte Schweinerei! KINDER!

Philipp: Ja: Kalaschnikow statt Schaukelpferd.

Dome: Wie kann man Kinder nur für so grausame Dinge missbrauchen?

Julia: Das ist relativ einfach. Kinder sind so schön manipulierbar. Und wenn du mal deine Eltern erschossen hast, dann schreckst du vor nichts mehr zurück.

Julian: Da bekomm ich echt Aggressionen, wenn ich so was höre! Es sind KINDER!

Benni: Das schon, aber du kannst nichts machen!

Franzi: Gar nichts? Es muss doch irgendwas geben!

Trine: Ja es gibt schon ein paar Einrichtungen und Organisationen …

Philipp: Das ist doch alles Wasser auf den heißen Stein!

Juli: Aber steter Tropfen höhlt den Stein …

Dome: Ja, und wer hilft den Kindern?

Benni: Der Europäische Gerichtshof zum Beispiel. Er verurteilt Kriegsverbrecher.

Julian: Ach! Die Handvoll Leute, die da verurteilt werden – macht das für einen Unterschied? Hilft das wirklich?

Julia: Es ist ein Schritt in die richtige Richtung. Und das ist auf internationaler politischer Ebene mit Sicherheit nicht einfach.

Franzi: Aber was haben die Kinder davon? Die, die direkt betroffen sind? Wer hilft den Kindern?

Trine: Da gibt es einige Hilfsorganisationen. Da kann man Mitglied werden oder spenden. „Misereor" zum Beispiel unterstützt und organisiert Projekte gegen Kindersoldaten. Und „terre des hommes" veranstaltet Aktionen wie den „Red Hand Day".

Juli: Und das sind nur ein paar Beispiele. Geh mal ins Internet. Da findest du ne ganze Menge zu dem Thema.

Benni: Auch wenn du Fair-Trade-Produkte kaufst, unterstützt du die Arbeit gegen Kindersoldaten.

Julia: Es gibt also doch Organisationen und Institutionen, die was tun.

Philipp: Und trotzdem ist die Zahl der Kindersoldaten immer noch so erschreckend hoch: 300.000!

Juli: Das kann ein einzelner Mensch nicht ändern.

Julian: Aber jeder kann seinen Teil dazu beitragen.

Dome: Ich glaube, es würde schon viel ausmachen, wenn sich jeder mal mit diesem Thema beschäftigen würde.

Franzi: Und sich jeder mal Gedanken darüber machen würde, in was für einer Gesellschaft wir eigentlich leben wollen.

Philipp: Und ob unsere Kinder mit einer Kalaschnikow aufwachsen sollen. Oder lieber doch mit einem Schaukelpferd.

Gedanken zum Spiel und zum Bibeltext
Johannes 12,20–33: Wenn das Weizenkorn nicht in die Erde fällt …

Die Aufgabe, die das Jugo-Team hier stellt, ist nicht leicht: Amokläufer, Kindersoldaten, Waffengeschäfte und Abstumpfung gegen Schrecken haben sie uns vor Augen gemalt – und Jesu Abschiedsrede ist mein Predigttext.

Jesu Ende steht bevor – ebenfalls ein Gewaltakt. Und die Menge, die den Richtplatz umsteht, die „kreuzige" schreit und den Verurteilten verspottet – ja, abgestumpft ist sie wohl auch. Gewalt macht stumpf. Gewalt führt zu neuer Gewalt. – Wenn wir den Kreislauf nicht durchbrechen.

Wer Kindersoldaten hilft, zurück in ein „normales" Leben zu finden, durchbricht den Kreislauf. Wir können etwas tun gegen Gewalt und Abstumpfung. Wir können etwas tun, weil Jesus Christus mehr getan hat – nicht für sich, sondern für uns alle: Er hat ein für alle Mal gezeigt, dass gegen die Gewalt ein Kraut gewachsen ist. Genauer gesagt: grünende Weizensaat. Aus dem Korn, das bereit war zu sterben.

8 Woher kommt meine Jeans?

Exodus (2 Mose) 2,23–25; 3,7–12

Thema

Für uns sind es Selbstverständlichkeiten: die Jeans, die wir täglich tragen, T-Shirts, Schuhe und all die Klamotten, die unsere Kleiderschränke füllen. Wir kaufen sie, wir tragen sie und machen uns keine Gedanken darüber, woher sie kommen, wie sie produziert wurden, was dahinter steckt.

Denn es ist eine bittere Realität, die dahinter steckt. Eine Realität, derer wir uns in unserer Konsumgesellschaft in der Regel gar nicht bewusst werden wollen. Unterbezahlt, am Rand des Erträglichen, unter menschenunwürdigen Arbeitsbedingungen entsteht unsere Mode – durch den Einsatz von Menschen, die kaum sich selbst, geschweige denn eine Familie ernähren können.

Und wir? Wir gehen ganz unbeschwert shoppen. Und dabei klagen wir noch: über den Chef oder die Lehrer, strenge Eltern, nervige Nachbarn ... Wir vergessen, wie gut es uns geht, verglichen mit dem, was Menschen in anderen Teilen der Welt erleiden müssen.

Doch als Gott uns schuf, gab er uns Augen, damit wir das Unrecht sehen können. Er gab uns Ohren, damit wir ihre Hilferufe hören können. Er gab uns einen Verstand, damit wir uns ihrer Not bewusst werden. Er gab uns die Sprache, damit wir aufmerksam machen. Und er gab uns Hände, damit wir denen helfen, die unsere Hilfe benötigen.

Rollen

- Sketch 1: Wendy, Reporter, Chef (stumme Rolle); Verkäufer, 2 Kunden
- Sketch 2: Julia, Ying, Zahlmeister; bis zu fünf Jugendliche

Das Spiel

Sketch 1

Teil 1

Wendy Diaz sitzt an einer alten Nähmaschine und näht eine Jeans. Ein Reporter betritt den Raum.

Reporter: Hallo, du bist Wendy Diaz, stimmt's? Darf ich dir ein paar Fragen stellen?
Wendy: Ich darf eigentlich nicht reden.
Reporter: Das ist schon okay. Was nähst du da eigentlich?
Wendy: Jeans oder manchmal auch T-Shirts.
Reporter: Für wen arbeitest du?
Wendy: Für einen internationalen Modekonzern.
Reporter: Wie alt bist du?
Wendy: Fünfzehn.
Reporter: Ist das nicht zu jung, um schon zu arbeiten?
Wendy: Zu jung? Meine Brüder sind sieben und acht und arbeiten schon seit fast einem Jahr.
Reporter: Aber …
Wendy: Pst, mein Chef kommt, ich darf mich nicht unterhalten während der Arbeitszeit.

Chef geht vorbei.

Reporter: Weil du sagst: „während der Arbeitszeit": Wie lange arbeitest du?
Wendy: Dreizehn Stunden am Tag, sieben Tage in der Woche. Und wenn mal viel los ist, arbeite ich halt länger.
Reporter: Und was bekommst du dafür?
Wendy: Fürs Länger-Arbeiten nichts, ansonsten 50 Cent pro Jeans.
Reporter: Wie viele …

Ein Gong ertönt.

Wendy: Entschuldigung, das ist für mich die letzte Möglichkeit, die Toilette zu benutzen, ich darf nur zweimal am Tag.

Geht kurz fort und kommt dann wieder.

Reporter: Also noch einmal: Wie viele Jeans nähst du in der Woche?
Wendy: So 25 Stück.
Reporter: Also bekommst du nur 13 € pro Woche? Macht das nicht krank?
Wendy: Darf es nicht. Sonst bekomme ich kein Geld.
Reporter: Hast du keine Kranken- oder Rentenversicherung?
Wendy: Was ist das?
Reporter: Danke Wendy, ich muss jetzt gehen. Mach's gut.
Wendy: Danke, Sie auch.

Teil 2

Sebi und Nicole gehen ins Kaufhaus.

Verkäufer: Guten Tag, kann ich Ihnen helfen?
Nicole: Ja, ich bräuchte mal wieder eine Jeans.
Verkäufer: Da hätten wir eine ganz neue, sehr gute Qualität.
Nicole: Aber die ist doch sicher sehr teuer.
Verkäufer: Na ja, 90 € muss sie Ihnen schon wert sein.
Nicole: Das ist mir zu viel. Haben sie auch was Günstigeres?
Verkäufer: Sie haben Glück: hier, von derselben Firma! Ein etwas einfacherer Schnitt, weniger Extras – nur 30 €.
Sebi: Von derselben Firma? Und woher kommen diese Jeans?
Verkäufer: Nun, das weiß ich auch nicht so genau, aber sie ist garantiert ökologisch hergestellt.
Sebi: Sie wissen nicht, wo die Jeans hergestellt werden?
Verkäufer: Nein, tut mir leid. Aber ich weiß, dass es keine Fließbandarbeit ist, echt handgenäht, wollen Sie eine probieren?
Nicole: Ja gern, bei 50 € Taschengeld im Monat kann ich mir das leisten und super sieht sie auch aus. Ich probier sie mal an!

Sketch 2

Teil 1

Zwei Näherinnen eines bekannten Sportartikelherstellers in Mexiko unterhalten sich.

Julia: – Und wo kommst du her?

Ying: Ich komme aus China. Ich arbeite für einen Zulieferungsbetrieb. Und du?

Julia: Ich bin von hier und arbeite schon seit sieben Jahren bei dieser Firma.

Ying: Wie alt bist du denn?

Julia: Dreizehn. Und du?

Ying: Vierzehn. Ich arbeite schon seit fast acht Jahren.

Julia: Warum bist du denn von China hierher nach Mexiko gekommen?

Ying: Meine Firma wollte es so. Damit ich mehr verdiene und meine Schulden endlich abbezahlen kann.

Julia: Musst du auch die Schulden deines Vaters abbezahlen?

Ying: Ja, eine hohe Summe, das geht noch viele Jahre. Und wenn ich die Abzahlung nur einmal unterbreche, geht alles von vorn los.

Julia: Gefällt es dir hier besser?

Ying: Es ist genauso wie in China, nur, dass meine Familie noch weiter weg ist. Und hier ist es so stickig, man bekommt kaum Luft, weil die hier nicht einmal einen Ventilator haben. Aber die Bezahlung ist wirklich besser. Ich bekomme 17 Cent pro Stunde bezahlt. Dreizehn Stunden am Tag, sieben Tage in der Woche – weißt du ja!

Julia: Ja, und ich bekomme auch nur 17 Cent. Eigentlich fast zu wenig zum Überleben. Ich muss außer mir noch sieben Geschwister ernähren, dazu meine schwerkranke Mutter. Und die Schulden meines Vaters müssen auch abgebaut werden.

Gong ertönt

Nicole: Was war das?

Julia: Der Gong. Jetzt bekommen wir die Lohnauszahlung.

Beide gehen in das Zimmer des Chefs.

Zahlmeister: Hier, dein Lohn … *(Julia nimmt Geld und geht)*

Teil 2

Jugendliche unterhalten sich beim Camping vor einem Sportgeschäft.

Sebi: Noch zehn Minuten, dann ist es endlich so weit.

Sven: Ich kann es gar nicht erwarten, die neuen Schuhe in meinen Händen zu halten.

Nicole: Und das tollste ist, dass Michael „Air" Jordan sie persönlich verkauft.

Julia: Ich hoffe, dass wir auch ein Autogramm bekommen, wenn wir schon die ganze Nacht hier vor dem Kaufhaus campen.

Sebi: Ich finde, es hat sich gelohnt, war doch ganz lustig, oder?

Nicole: Ja, schon, auch wenn's ein bisschen kalt war.

Julia: man konnte es aushalten.

Michael: Hallo Leute, hier spricht euer Michael „Air" Jordan. Es ist so weit: Die neusten und besten Sportschuhe der Welt! Hier sind sie! Beste Qualität – ihr wisst ja, was ihr von dieser Marke erwarten dürft. Kommt und holt sie euch! Die ersten fünfzig Paar mit meiner Originalunterschrift! Kommt und holt euch die Schuhe, mit denen ihr es allen zeigen werdet. Ihr rennt schneller, springt höher, seid besser, werdet Champions!!!!!!!!

Gedanken zum Spiel und zum Bibeltext Ex 2,24–25; 3,7–12

Was kostet uns eine neue Jeans, ein Paar neue Sportschuhe? Was kostet die Tagelöhner in den Kleider- und Schuhfabriken unsere neue Jeans, unser neues Paar Turnschuhe? – Das haben wir eben gesehen, von beiden Seiten. Und es mag schon so sein, dass wir nicht ahnen, nicht wollen, nicht wissen, dass unsere günstigen, coolen Kleider anderen so teuer zu stehen kommen. Und jetzt, da wir es wissen und Unrecht nennen – wie kommen wir dagegen an? Ist es ein Trost, zu wissen: Gott ist auf der dunklen Seite? Gott ist auf der Seite der Unterdrückten, der Ausgebeuteten, der Ohnmächtigen! Wir wissen das aus der Geschichte von Mose und dem Auszug des Volkes Israel aus Ägypten. Gott spricht – Gott nennt das Unrecht beim Namen. Gott sagt: So soll es nicht sein! – Ein Trost ist das gewiss. Aber es ist auch viel mehr. Gott sagt: So soll es nicht bleiben. Und Gott beauftragt Menschen, dagegen vorzugehen. „Führe mein Volk in die Freiheit!" Das ist Gottes Auftrag. Damals und heute. Und sein Volk – das sind immer die, denen Unrecht geschieht.

9 Die Jugend von heute

Lukas 2,41–51b

Thema

„Die Jugend war noch nie so schlimm wie heute." Ein Zitat, das der heutigen Tageszeitung entnommen sein kann. Doch es ist bedeutend älter. Er stammt aus der Feder des griechischen Philosophen Sokrates. Und obwohl dieser schon zweieinhalb Tausend Jahre tot ist, hat dieser Spruch nie an Aktualität verloren. Die ältere Generation klagt über die jüngere – damals wie heute.

Jugendliche denken anders als Erwachsene. Sie haben eine andere Wahrnehmung der Realität und begegnen dem Leben und der Zukunft mit Wünschen, Träumen und Erwartungen. Sie legen andere Schwerpunkte, denken, fühlen und handeln anders. Sie versuchen, ihr Leben nach ihren eigenen Vorstellungen zu verwirklichen, und durchlaufen so den Prozess des Erwachsen-Werdens.

Und obwohl jeder Erwachsene diesen Prozess bereits durchlaufen hat, scheinen sie sich schwer zu tun, sich daran zu erinnern, wie sie selbst waren. Und so kommt es immer wieder zu Missverständnissen zwischen Jugend und Erwachsenen. Dabei ist es so einfach, diese Missverständnisse zu umgehen. Wir müssen uns auf den anderen einlassen und versuchen, ihn zu verstehen.

Rollen

- Sketch 1: bis zu vier Sprecher; bis zu zehn Rollen für Kleinszenen
- Sketch 2: Kind, Mutter, Oma, Opa

Das Spiel

Sketch 1

Leser 1: Ich habe keine Hoffnung mehr für die Zukunft unseres Volkes, wenn diese Zukunft von der leichtfertigen heutigen Jugend abhängt. Denn diese Jugend ist von einer unerträglichen Unverschämtheit und will alles besser wissen. Als ich jung war, brachte man uns gute Manieren und Respekt vor den Eltern bei – Aber die Jugend von heute will immer recht haben und ist voller Widerrede.

Mutter: Sohn, geh bitte zum Bach und reinige dieses Tischtuch, Zenturio Lentulus wird heute bei uns speisen.

Sohn: Du siehst doch, dass ich keine Zeit habe. Wasch es doch selbst. Es ist schließlich Sache der Frau, den Haushalt zu machen. Außerdem, was interessiert mich der Zenturio, der alte Steuereintreiber.

Mutter: Zenturio Lentulus ist ein Mann von großer Persönlichkeit. Du solltest ihm mit mehr Respekt gegenübertreten.

Sohn: Ach, in ein paar Jahren wird er sowieso abgemurkst – so wie alle.

Leser 2: Unsere Jugend liebt den Luxus.

Kind *(klatscht):* Laios, Sklave, bring mir einen Becher Traubensaft. Aber den Besten. In dem Becher mit den Edelsteinen. Und etwas Gebäck. Ach, und sage meiner Mutter, sie möge mir ein neues Gewand kaufen, meines gefällt mir nicht mehr.

Leser 3: Unsere Jugend besitzt schlechte Manieren, verachtet die Autorität und hat keinen Respekt vor älteren Leuten.

Alte Dame läuft auf der Straße; Kind rempelt sie an.

Dame: He, junger Mann, passen Sie doch auf!

Junge: Ach, halt die Klappe, Omi. Wenn du nicht schneller laufen kannst, solltest du nicht mehr auf die Straße. Ihr alten Leute gehört alle aus dem Weg geräumt!

Leser 4: Die Kinder von heute gleichen Tyrannen. Sie erheben sich nicht von ihren Sitzen, wenn die Eltern den Raum betreten. Sie widersprechen ihnen, reden, wenn sie nicht gefragt sind, verschlingen in Hast ihre Speisen und tyrannisieren ihre Lehrer.

Familie sitzt beim Essen

Vater: Unser alter Statthalter möchte nun eine Reise machen, bis ans Ende der Welt. Ich habe ihn gefragt, ob das nicht gefährlich sei, ich meine, wenn er über den Rand stürzt …

Kind: Kann er gar nicht …

Vater: Rede nicht dazwischen, wenn du nicht gefragt bist!

Kind: Aber der Seher auf dem Marktplatz hat gesagt, die Erde sei keine Scheibe …

Mutter: Keine Scheibe?

Kind: Nein sie ist rund!

Vater: Kind, was redest du für einen Blödsinn!

Kind: Das ist kein Blödsinn. Es ist eine Prophezeihung. In ein paar hundert Jahren wird einer die Erde umfahren. Einmal rundherum, ohne abzustürzen, und …

Vater: Schweig jetzt! Ich will nie wieder etwas von einer runden Erde hören. Die Erde ist eine Scheibe und damit basta.

Mutter: Da kommt Diskos, dein Lehrer.

Kind: Is mir egal.

Discos: Komm mein Junge, deine Studien erwarten dich.

Kind: Die können warten. Ich lass mir doch von einem Griechen nicht sagen, wann ich lernen soll.

Vater: Aber von mir! Und nun geh!

Kind und Diskos gehen.

Kind: Dummer alter Grieche, dummer alter Grieche, die Erde ist rund! Aber wenn du versuchst, sie zu umrunden, fällst du trotzdem runter.

Sketch 2

Kind: Warum muss ich immer in die Schule? Das bringt doch überhaupt nichts. Ich will lieber zu Hause bleiben und spielen.

Mutter: Ach, Kindchen. Das fragst du mich jeden Tag. Du willst doch was lernen und irgendwann ganz viel wissen.

Kind: Viel wissen will ich nicht, aber viel Geld verdienen will ich.

Mutter: Na also. Aber davor musst du in die Schule gehen und fleißig lernen.

Oma kommt hinzu.

Oma: Hallo, mein Lieblingsenkel. Kannst du mir sagen, warum ihr Kinder immer rennen müsst? Heute hat mich schon wieder ein Junge angerempelt, da ist mir meine Einkaufstasche hinuntergefallen!

Kind: Der Junge wollte bestimmt zu seinem Freund zum Spielen. Wenn man langsam läuft, verpasst man viel zu viel. Wir haben einfach keine Zeit!

Opa kommt dazu.

Opa: Hat jemand von euch meine Brille gesehen? Ich kann und kann sie nicht finden.

Oma: Vielleicht nimmst du die, die aus deiner Hemdtasche rausschaut.

Mutter: Du solltest dir wirklich besser merken, wo du deine Brille hinlegst.

Oma: Oder du schreibst es auf. Ich notiere auch alles.

Kind: Aber, Omi, ohne Brille kann er doch nicht lesen, wo er sie hin hat.

Oma: Stimmt. Ach, da kommt dein Vater.

Vater: Kann mir jemand sagen, wem das Fahrrad vor der Tür gehört?

Kind: Weiß net, aber du, Papa: Ich muss dich noch was fragen …

Mutter: Wenn wir nachfragen, wenn wir etwas nicht verstehen, ist es viel leichter.

Oma: Ja, trotzdem könnte sich die Jugend von heut mehr Zeit lassen und besser aufpassen.

Mutter: Ach, Mutter, wir waren auch nicht besser.

Opa: Stimmt. So ist sie nun mal, die Jugend. Manchmal muss man eben fragen, um sie zu verstehen.

Gedanken zum Spiel und zum Bibeltext Lk 2,41–52

Ja, so ist das: Die Generationen verstehen einander nicht ohne Worte und nicht ohne, dass sie sich bemühen, und nicht ohne guten Willen. Das gilt immer für die Jungen und die Alten gleichermaßen. Vieles lässt sich mit ein wenig Rücksicht und viel Achtung lösen. Für anderes gibt es gute Gründe … In diesem Zusammenhang fällt mir die Geschichte vom zwölfjährigen Jesus im Tempel ein: Rücksicht hat er nicht genommen auf seine Eltern, als er im Tempel zurückblieb, während die Reisegruppe weiterzog. Seine Eltern suchen ihn, machen sich Sorgen – bis sie ihn schließlich wiederfinden, ganz ins Gespräch vertieft mit einer Gruppe Priester. Und seine Mutter fragt ihn: „Warum hast du das getan?" Da erst scheint Jesus zu merken, was er ihr angetan hat. „Warum habt ihr mich gesucht?" Er ist nicht einmal auf den Gedanken gekommen, dass man ihn suchen könnte! „Ich bin ja im Haus meines Vaters!" So einfach, so klar. Und doch: Seine eigene Mutter hat es nicht verstanden! Am Ende lesen wir, dass sie weiter miteinander lebten, der Sohn und seine leiblichen Eltern. Und dass die Antwort des Sohnes Maria zu denken gegeben hat. Sie ist achtsamer geworden, achtsam auf das Besondere an ihrem Kind. – Lernen wir von Maria. Denn jedes Kind ist besonders und verdient unsere besondere Achtung.

10 Das Leben – eine Baustelle

Psalm 139,14–16

Thema

Pubertät ist, wenn Eltern schwierig werden. Kaum einer erinnert sich an seine eigene Pubertät. Man weiß nur, dass andere – vor allem die Eltern – einem erzählt haben, wie schlimm und schwierig man war. Wie dickköpfig und stur, egoistisch und immer auf Konfrontation aus. Und dabei können weder Kinder noch Eltern etwas dafür. Wie soll man sich auch darauf vorbereiten, dass der Körper plötzlich verrückt spielt, dass sich Hormone einmischen und alles das, was bisher normal war, komplett umkrempeln?

Die Pubertät ist eine Baustelle, bei der vieles, das alt ist, niedergerissen wird, damit wieder etwas Neues aufgebaut werden kann. Und dabei sind es nicht nur die Kinder, die schwierig sind, sondern auch die Eltern, die versuchen, die gewohnten Strukturen beizubehalten, und dabei übersehen, dass sich ihr Kind zu einem ganz anderen Menschen entwickelt.

Gott sieht das und Gott weiß das. Und er kann Eltern und Kinder begleiten bei diesem Prozess. Er kennt den Menschen, der hinter der sich wandelnden Fassade steckt. Den, der sich erst selbst finden muss.

Rollen

- Mutter
- Bekannter
- Tochter
- Kleine Tochter

Das Spiel

Mutter und Bekannter sitzen im Wohnzimmer (oder so)

Mutter: Und wie läuft's bei euch zu Hause so?
Bekannter: Ach, so weit eigentlich ganz gut. Unser Ältester hat gerade sein Abitur bestanden und wird wahrscheinlich im Herbst mit seinem Medizinstudium beginnen.
Mutter: Medizin? Nicht schlecht! Da muss er ja richtig gut abgeschnitten haben!
Bekannter: Eine glatte 1,0. Wir sind unheimlich stolz auf ihn!
Mutter: Ich wünschte, ich könnte das auch sagen! Unsere Große denkt ja nicht mal daran, überhaupt zu lernen. Schule ist ihrer Meinung nach total überflüssig. Wie alles, eigentlich ...
Bekannter: Wie alt ist sie jetzt?
Mutter: Fünfzehn und voll in der Pubertät!

Tochter kommt, Knopf im Ohr; wirft Tasche in die Ecke und will gehen.

Mutter: Hallo? Wie wär's mit einer Begrüßung? – Nimm die Kopfhörer ab!
Tochter: Was ist?
Mutter: Du könntest wenigstens „hallo" sagen, wenn du kommst. Und den Besuch begrüßen.
Tochter: Ist das mein Besuch? Nein! Also ... *(geht weiter)*
Mutter: Du bist unverschämt! Und nimm gefälligst den Ranzen mit!

Kleine Schwester kommt rein und wird umgerempelt

Schwester: Aua! Pass doch auf!
Tochter: Pass du doch auf!
Schwester: Ich hab gar nichts gemacht!
Tochter: Doch! Du stehst mir im Weg.
Mutter: Schluss jetzt! Was kann denn deine Schwester für deine schlechte Laune!
Tochter: Ich hab keine schlechte Laune! Aber ihr seid alle scheiße!

Tochter geht

Mutter: Bitte entschuldige ihr Benehmen. Sie verhält sich gerade dauernd so. Ich glaube, der Umgang mit ihren neuen Freunden tut ihr nicht gut. Vielleicht sollte ich das unterbinden.

Bekannter: Mach dir keinen Kopf. Das ist typisch Pubertät. Das wird sich schon wieder legen.

Tochter kommt wieder und will gehen

Mutter: Wo willst du hin?

Tochter: Weg.

Mutter: Wohin, hab ich gefragt.

Tochter: Das geht dich nen Scheiß an! Aber gut, weil du immer alles wissen musst: zu Tom.

Mutter: Schon wieder? Ich finde, er ist kein guter Umgang für dich.

Tochter: Woher willst du wissen, was gut für mich ist? Ihr seid nicht gut! Ihr behandelt mich ja wie den letzten Dreck! Die da ist der Engel! *(zeigt auf ihre Schwester)* Und ich? Tom ist der Einzige auf der Welt, der mich versteht.

Tochter geht

Mutter: Und so geht das jeden Tag! Immer nur Diskussion und Ärger. Sie ist immer die Böse.

Schwester: Ja, und ich der Engel.

Bekannter: Da kann man nichts machen. In dieser Phase haben sie einfach eine Baustelle im Kopf!

Gedanken zum Spiel und zum Bibeltext Psalm 139,14–16

„Ich danke dir, dass du mich so wunderbar gestaltet hast. Ich weiß: Staunenswert sind deine Werke." Sagen Sie sich das jeden Morgen, wenn Sie aufstehen? Sagen Sie das jeden Morgen Ihrem Schöpfer im Himmel?

Er hat es verdient. Was hat er sich für Mühe gegeben – Ihre Augen, Ihre Haarfarbe, Ihr Lächeln – alles ganz einmalig! Und trotzdem: Oft genug fühlen wir uns nicht wohl in unserer Haut, und das gilt nicht nur für Jugendliche und nicht nur in der Pubertät. Zu dick, zu blass, zu pickelig – Sie kennen das!

Vielleicht sagen Sie es gerade dann, Ihrem Spiegel und auch dem himmlischen Original Ihres Bildes: „Du hast mich wunderbar gemacht!" Und wenn Sie wieder einmal daran verzweifeln, dass niemand Sie wirklich versteht, niemand Sie kennt, niemand Verständnis für Sie zeigt, dann sprechen Sie den Psalm 139 noch ein paar Verse weiter: „Als ich geformt wurde im Dunklen, kunstvoll gewirkt in den Tiefen der Erde, waren meine Glieder dir nicht verborgen. Deine Augen sahen mich, wie ich entstand, in deinem Buch war schon alles verzeichnet."

11 Meine Alten – und ich

Exodus (2 Mose) 20,12

Thema

Zoff mit den Eltern – an allen Ecken hört man, das sei normal, wenn die Kinder älter werden und ihren eigenen Weg suchen. Wir haben in der Gruppe darüber gesprochen und sind zu dem Schluss gekommen, dass das zu einseitig ist. Gerade wenn die Kinder älter werden und ihren eigenen Weg suchen, brauchen sie Rückhalt – gute Beziehungen zu Menschen, denen sie sich zugehörig fühlen. Und mancherorts klappt das auch: dass Familien zusammenhalten und ein gutes, kooperatives Klima zu Hause herrscht. Wir dachten, zur Abwechslung präsentieren wir mal ein richtig gutes Beispiel.

Rollen

- Vater
- Mutter
- Drei Kinder: Kristina, Jenny, Philipp
- Bis zu sieben Jugendliche (Kristina, Jenny, Benni, Jule, Trine, Sven, Philipp)

Das Spiel

Sketch 1: Familienidylle am Tisch

Kristina: Mann, bin ich satt. Du hast super gekocht, Mama.

Mutter: Danke, mein Schatz. Schön, wenn es euch geschmeckt hat. Jenny, kannst du mir bitte beim Spülen helfen?

Jenny: Eigentlich wollte ich mich mit Freunden treffen, aber okay. Ich hab noch etwas Zeit.

Vater: Na, mein Sohn, wie war die Schule?

Philipp: Na ja. Meine Mathe-Hausaufgaben waren mal wieder falsch. Und diese blöden Englisch-Vokabeln wollen einfach nicht in meinen Kopf.

Vater: Das Problem lässt sich bestimmt beheben. Frag doch mal deine Schwestern, ob sie dir helfen.

Philipp: Danke, Papa. Kristina, kannst du mir bei Mathe helfen? Und mit mir Englisch lernen?

Kristina: Beides? Na gut, aber erst muss ich was mit Mama bereden.

Sven: Ich kann dir Mathe auch erklären, dann muss Kristina nicht alles machen.

Philipp: Danke, ihr zwei. Ihr seid die Besten. Ich schreib erst noch meinen Aufsatz fertig.

Kristina: Mama, kannst du mir Geld leihen für mein Abschlusskleid?

Mutter: Tut mir leid, mein Schatz! Viel habe ich selber nicht, aber wenn du sparst, geb ich dir was dazu.

Oma: Warum nähst du dir nicht selber eins?

Kristina: Nähen? Aber Oma, das schaff ich nie!

Oma: Ich helf dir auch! Wir können ja morgen einen Stoff aussuchen. Ich muss sowieso einkaufen gehen, da kann ich deine Hilfe gut gebrauchen!

Kristina: Klar, du bist ein Schatz!

In der Küche, nach dem Abwaschen.

Jenny: Mama, ich hab da noch ein Problem. Können wir da vielleicht mal drüber reden, wenn du Zeit hast?

Mama: Aber sicher! Danke fürs Abspülen. Jetzt geh zu deinen Freunden.

Sketch 2:

Jenny: Hi, Leute!

Kristina: Hi, Jenny, wie geht's dir?

Jenny: Gut. Und euch so?

Benni: Frag nicht! Meine Alten stressen schon wieder voll rum.

Jule: Und meine erst: „Wie willst du mit den Noten durchs Abi?"

Trine: Da geht's euch ja noch gut! Meine reden grad gar nix mit mir. Wegen dem letzten Wochenende. Die sind voll nachtragend.

Sven: Meine Alten sind zum Glück grad net da.

Philipp: Eltern sind ein schreckliches Pack! Was ist, Jenny? Stressen deine auch so?

Jenny: Äh – ja – meistens schon. Grausig. Stimmt.

Jule: Bin ich froh, wenn ich zu Hause raus bin.

Jenny: Ja, selbstständig sein wäre schon besser.

Benni: Endlich kein Gemecker mehr.

Sven: Eltern sind eine schlechte Erfindung. Ohne sie wäre vieles leichter.

Zurückspulen

Jenny: Hi, Leute!

Kristina: Hi, Jenny, wie geht's dir?

Jenny: Gut, und euch so?

Benni: Frag nicht! Meine Eltern stressen grad voll rum.

Jule: Hast du auch so Probleme zu Hause?

Jenny: Äh, n... – eigentlich nicht. Wir verstehen uns ganz gut.

Philipp: Das gibt's? Meine Eltern verdonnern mich immer zum Abspülen.

Jenny: Das machen wir Kinder immer.

Trine: Freiwillig?!?

Jenny: Klar, wenn Mama mich fragt. Wir helfen uns auch gegenseitig bei den Hausaufgaben.

Sven: Das könnte ich auch gebrauchen.

Jule: Kannst du mit deinen Eltern auch über Probleme reden?

Jenny: Ja! Sie helfen mir immer, so gut sie können.

Benni: Das ist ja voll die Traum-Familie.

Trine: So sollte es bei uns auch sein.

Jenny: Dann redet doch mit euren Eltern. Macht doch ihr den ersten Schritt.

Sven: Und wie? Meine Eltern schreien, sobald ich den Mund aufmach!

Jenny: Dann verblüff deine Mutter doch einfach mal: Schenk ihr was zum Muttertag.

Sven: Du meinst, das hilft?

Philipp: Probieren kann man's.

Trine: Dann danke für den Tipp.

Jenny: Ich mein: Jeder will doch eigentlich eine gute Beziehung zu seinen Eltern und Geschwistern, oder?

Benni: Gut wär's … Dann hätte ich weniger Probleme oder würde besser mit ihnen fertig werden.

Jenny: Meine Familie ist für mich einfach das Wichtigste!

Gedanken zum Spiel und zum Bibeltext Jes 11,6–9

Ich kenne ein wunderbares Bild; vielleicht kennen Sie es auch: Wie wird es sein, wenn der Friede Gottes über die Welt kommt?

Dann wohnt der Wolf beim Lamm, der Panther liegt beim Böcklein. Kalb und Löwe weiden zusammen, ein kleiner Knabe kann sie hüten. Kuh und Bärin freunden sich an, ihre Jungen liegen beieinander. Der Löwe frisst Stroh wie das Rind. Der Säugling spielt am Schlupfloch der Natter, das Kind streckt seine Hand in die Höhle der Schlange.

Unmöglich, sagen Sie? Gegen die Natur? Das wird niemals geschehen. Aber unsere Träume dürfen größer sein als unsere Vernunft – sie können wie Wegweiser sein, ganz bis hinauf auf die Spitze des Berges schaffen wir es nicht allein. Dazu brauchen wir Gottes Hilfe. Aber die Richtung können wir schon einmal einschlagen und den Anfang machen und Schritt für Schritt hinaufsteigen.

Warum nicht versuchen, was Jenny in unseren Anspielen versucht und erlebt: Heile Beziehungen in der Familie. Auch wieder: unmöglich? Oder der Anfang der Umsetzung einer großen, einer wunderbaren Vision?

12 König Fußball

Psalm 93

Thema

Fußball-Weltmeisterschaft (oder anderes Sport-Großereignis). Da treffen sich Menschen zum Public Viewing, die sich vorher noch nie gesehen haben und liegen einander jubelnd in den Armen, wenn ihre Mannschaft ein Tor schießt. Und trotz der Krawalle und Ausschreitungen, zu denen es leider immer wieder kommt, scheint der Friede zwischen allen Völkern der Erde nie greifbarer und spürbarer als während der Wochen, wenn der König Fußball die Welt regiert.

Rollen

- Sketch 1: Nachrichtensprecher
- Sketch 2: bis zu sieben Jugendliche (Philipp, Dani, Benni, Jule, Sven, Jessi, Kristina)

Das Spiel

Sketch 1: Fernsehen WM-Spezial

Guten Abend, meine Damen und Herren, willkommen zu unserem WM- Spezial live aus dem St.-Maria-Studio. Wir berichten heute nicht wie üblich über die neuesten Bekanntgaben des Trainers oder die üblichen Spekulationen über das Finale. Wir wollen heute einen Blick hinter die Kulissen werfen, auf das, was vielen Menschen im Trubel der WM verborgen bleibt, jedoch nicht sollte.

Wieder einmal erreichte uns die Nachricht von zahlreichen gewalttätigen Hooligans, die beim letzten Länderspiel wüteten. Tatsächlich steigt die Anzahl dieser Hooligans stetig an und auch die Gewaltbereitschaft außerhalb der Stadien nimmt spürbar zu. Vor allem betroffen von den Gewaltakten sind Ausländer, aber oft auch Jugendliche oder ältere Menschen, die nicht die Möglichkeit haben sich zu wehren. Die Polizei bemüht sich daher um erhöhte Sicherheitsmaßnahmen für die WM. Ob diese ausreichen, wird sich zeigen.

Nicht nur die Gewalt unter Jugendlichen, sondern auch der Konsum von Alkohol und Drogen nimmt im Hinblick auf die WM kontinuierlich zu. Erst gestern wurden mehrere Jugendliche mit Alkoholvergiftung ins städtische Krankenhaus eingeliefert. Drogentote sind bis heute glücklicherweise noch nicht bekannt. Auf Grund dieser kriminellen Entwicklungen werden die Einsatzkräfte von Zoll und Polizei zur Zeit der WM stark erhöht.

Nach dem letzten Wettskandal vor einigen Monaten tauchte nun der nächste Fall von Unterschlagung, Bevorzugung und Korruption auf. Ein weltbekannter Werbekonzern war bei dem Versuch, Tickets für das Eröffnungsspiel sowie das Finale überteuert im Internet zu versteigern, ertappt worden. Hierbei soll es sich um Millionenbeträge handeln. Die Polizei steht am Anfang ihrer Ermittlungen. Genauere Informationen in unserem Spezial „Wetten lass!" um 21.30 Uhr.

Und nun noch einmal alle Nachrichten im Überblick.

Sketch 2

Philipp: Hey, Leute, seht mal was ich hier habe: Karten für die WM! FINALE!

Dani: Wahnsinn! Du Glückspilz

Benni: Mich hat das WM-Fieber auch total gepackt. Aber Karten waren leider nicht drin.

Jule: Ich hab mich als Volunteer beworben, aber leider hatte ich kein Glück.

Sven: Ich glaub, die WM wird total super. Auch wenn Deutschland vielleicht nicht ins Finale kommt.

Jessi: Nicht ins Finale? Die können froh sein, wenn sie über die Vorrunde rauskommen.

Jule: Ich finde, darum geht es gar nicht. Finale oder nicht. Habt ihr euch schon mal Gedanken über das Drumherum gemacht? Das, was außerhalb der Stadien in diesem Monat abgeht?

Philipp: Klar, mein Vater arbeitet im Reisebüro. Was da täglich an Buchungen eingeht … Aus aller Herren Länder kommen die. Echt irre!

Kristina: Ja, und die Deutschen gehen in den Urlaub. Kanaren … super- günstig …

Dani: Das wird bestimmt interessant. So viele fremde Kulturen und Bräuche und alle auf einem Haufen.

Benni: Und alle haben das gleiche Ziel: die WM.

Sven: Findet ihr auch, dass das was von Gemeinschaft hat und irgendwie auch von Frieden?

Kristina: Ja, Wahnsinn, dass in der Schule Ausländer verprügelt werden und hier treffen sich plötzlich Nationen zum Fußball-Schauen. Irgendwie verrückt.

Philipp: Aber auch beruhigend, dass es so etwas Gemeinsames gibt.

Jule: Stellt euch mal vor, irgendwann spielen wirklich alle Nationen mit, dann sammelt sich alles auf einem Kontinent und alle anderen sind leer.

Benni: Komische Vorstellung, aber irgendwie hast du recht. Vielleicht ist es wirklich ein Schritt in Richtung Weltfrieden.

Jessi: Und selbst wenn wir nicht gleich von Weltfrieden reden, gibt es doch Hoffnung auf eine friedlichere Zukunft.

Jule: Gleiche Werte haben wir ja schon – die WM. Von gleichen Kulturen und Religionen muss ja nicht gleich die Rede sein.

Philipp: Auf jeden Fall freu ich mich wahnsinnig drauf.

Benni: Ich auch. Auch wenn ich die Spiele nur im Fernsehen verfolgen kann.

Sven: Besser als nichts.

Kristina: Kann vielleicht jemand von euch noch einen Austausch bei sich zu Hause aufnehmen? Viele Jugendliche können sich keine Unterkunft leisten, darum hat unsere Schule so eine Aktion gestartet. So eine Art Austausch, nur außerhalb der Schule.

Jule: Das ist eine gute Sache. Ich frag mal zu Hause nach.

Jessi: Ich auch. Schließlich ist Gastfreundschaft wichtig.

Philipp: Und hierzulande leider nicht stark ausgeprägt.

Benni: Also gut. Dann kann ja nichts mehr schief gehen. Hoffen wir nur, dass unsere Nationalelf so engagiert spielt, wie wir hier darüber reden.

Gedanken zum Spiel und zum Bibeltext Psalm 93

„Gleiche Werte haben wir ja schon", hat Jule gerade gesagt. Gemeint hat sie Sportbegeisterung. Und ein Sieg ist ein Sieg und der Sieg ist, was zählt? In der Bundesliga fällt es noch stärker auf als bei internationalen Turnieren: Ganz gleich, woher die Spieler kommen – ein Team ist ein Team. Es hält zusammen und die Fans tragen das Team. Und wer die Tore schießt (oder verhindert), ist der Held, der Star. Alle (Fans) werden ihn lieben. Da schauen wir schon einmal auf der Landkarte nach, wo die Elfenbeinküste liegt, Peru oder Ghana oder Burkina Faso – weil wir plötzlich einen von dort kennen und gut finden. Dann ist da aber auch die andere Seite: Man sagt, diese Spieler werden „gekauft" – und man sagt, der Raúl ist Millionen wert – und man meint damit die Summe, die ein Verein ausgeben muss, um ihn unter Vertrag nehmen zu können. Aber nicht seinen Wert als Mensch. Den niemals. Und darum möchte ich den König Fußball nur als vorletzte Instanz sehen und ihn nicht allein stehen lassen, sondern uns an einen anderen König erinnern – den König, der jeden einzelnen Menschen nach seinem menschlichen, angeborenen, schöpfungsgegebenen Wert misst. Der jeden Menschen beim Namen kennt, ohne erst auf die Landkarte zu schauen. Denn sie sind alle seine Kinder.

Lesen Sie mit mir Psalm 93: Der Herr ist König …

Die Freude am Fußball will ich uns dadurch nicht verderben. Er kann zu Achtung, Frieden, Versöhnung führen. Aber Gottlob – da ist noch einer drüber!

13 Geiz ist geil – Ach, wirklich?

Lukas 1,26–38

Thema

An allen Ecken und Enden wird Werbung gemacht für die neuesten Produkte oder die günstigsten Sonderangebote. Werbeflächen zieren mittlerweile nicht nur Litfasssäulen und Schaufenster, sondern auch Plakatwände, Busse, Züge, Autos oder Internetseiten. Dabei fällt es oft schwer, den Angeboten zu widerstehen und nicht wahl- und sinnlos Dinge zu kaufen, die wir nie gebraucht haben und auch nie brauchen werden, nur weil sie gerade im Angebot sind. Und während wir in den Konsumrausch verfallen und alle Produkte zu Schnäppchenpreisen ergattern, vergessen wir, hinter die Kulissen der bunten Reklametafeln zu blicken. Denn dort verstecken sich schlechtbezahlte Arbeiter, die unter menschenunwürdigen Bedingungen arbeiten müssen, während die Köpfe der Firmen in den Managementetagen überdimensionaler Firmengebäude sitzen und nicht wissen, für was sie die eben durch Nichtstun verdienten Millionen ausgeben sollen.

Jesus Christus hat sich stets für die Schwachen und Unterdrückten eingesetzt. Seinem Beispiel sollten wir folgen, um gegen das Unrecht in der Welt anzukämpfen, um die Schere zwischen Arm und Reich wieder zu schließen. Was jeder Einzelne von uns bewirken kann, mag zwar nur ein Tropfen auf den heißen Stein sein, aber steter Tropfen höhlt den Stein.

Rollen

- Realität
- Werbung
- Bis zu sechs Jugendliche (Jonas, Dominik, Benni, Trine, Kristina, Julian)

Das Spiel

Sketch 1

In zwei Schaufenstern sind unterschiedliche Szenen zu sehen: Werbung für Schokolade + Klamotten.

Werbung: Das ist die zarteste Versuchung, seit es Schokolade gibt!

Realität: Ja, die süßeste Plantagenarbeiterin aller Zeiten!

Werbung: Heute im Sonderangebot!

Realität: Ja, weil Kinderarbeiter weniger kosten als Erwachsene.

Werbung: Die kann sich wirklich jeder leisten. Sogar die armen Schüler.

Realität: – Die damit gewährleisten, dass 20.000 Kinder auf Plantagen arbeiten, statt selbst zur Schule zu gehen.

Werbung: In ganz vielen neuen Sorten. Mit Schokolade aus vielen exotischen Ländern, von unterschiedlichsten Kontinenten. Das ist ein Gefühl von Urlaub …

Realität: … von Sommer, Sonne, Sklavenarbeit!

Werbung: Was sitzen Sie noch rum!

Realität: In Südamerika wären Sie schon längst verprügelt worden!

Werbung: Gehen Sie gleich in Ihren nächsten Supermarkt.

Realität: Denn Sie müssen ja nicht erst 10 km laufen, um überhaupt an einen Brunnen zu kommen.

Werbung: Und erliegen Sie der Versuchung dieser Schokolade.

Realität: Ein Plantagenarbeiter müsste dafür mit seinem Leben bezahlen.

Werbung: Für nur 99 Cent pro Tafel!

Realität: Was für Sie ein Klacks ist, ist für den Arbeiter ein Monatslohn.

Werbung: Gönnen Sie sich eine Auszeit …

Realität: … und dem Hersteller ein neues Auto und drei neue Sklaven, wenn seine alten nichts mehr taugen.

Werbung: Diese Woche bei ----: T-Shirts aus reinster Baumwolle!

Realität: Frisch von den Plantagen in Südamerika!

Werbung: In frischen Sommerfarben …

Realität: … gefärbt von Menschen, die keine Ahnung von der toxischen Wirkung des Färbeprozesses haben.

Werbung: Im kräftigen Rot, wie die Farbe des Mohns und das Feuer der Leidenschaft …

Realität: … oder das Blut der Arbeiter, das daran haftet.

Werbung: Ein zartes Himmelblau, wie an heißen Sommertagen …

Realität: … an denen der Arbeiter ohne Essen und Trinken auf der Plantage schuftet.

Werbung: Oder ein dunkles Tannengrün wie ein Baum, der seinen kühlen Schatten wirft.

Realität: Was ist Schatten auf einer Plantage?

Werbung: Beachten Sie besonders die feinen Stickereien …

Realität: … die nur Kinderhände so präzise machen können.

Werbung: Schlüpfen Sie in eine neue Haut.

Realität: Es könnte die eines Kindes sein, das sich für dieses T-Shirt zu Tode geschuftet hat.

Werbung: – Und fühlen Sie sich rundum wohl.

Realität: Denn Sie mussten es ja nicht herstellen.

Werbung: Und nur noch bis morgen: Zwei Shirts zum Preis von einem!

Realität: Da war wohl ein Arbeiter beim letzten Sklavenmarkt gratis.

Werbung: Und danach dauerhaft günstig …

Realität: Nur 13 Cent mehr würden einem Kind in Afrika helfen zu überleben.

Werbung: Und nächste Woche: Feine Schlafanzüge und Nachthemden aus Baumwolle, Alpakawolle oder Cashmere …

Realität: Damit die Ausbeutung global weitergeführt wird.

Werbung: … für süße Träume …

Realität: … von ausgemergelten, verhungerten Menschen, die Sie auf dem Gewissen haben.

Sketch 2

Jonas: Hey, Leute, na, alles klar?

Dominik: Hey, Jonas, klar. Alles bestens.

Jonas: Ich hab mir heut einen Laptop gekauft.

Benni: Wo? Bei Zeppelin?

Jonas: Ja. Geiz ist geil. Du weißt schon.

Jonas: Nee, ich bin doch nicht blöd.

Trine: Aha. Mania Markt.

Kristina: Mein Papa schimpft immer, dass man gar nicht weiß, wo man einkaufen soll. Jeder behauptet, der Günstigere zu sein, mehr Leistung, bla, bla …

Benni: Genau wie mit Mehrmann: Keiner hat günstigere Brillen.

Trine: Wir kaufen trotzdem nicht bei Mehrmann. Wir haben seit zwanzig Jahren unseren Stamm-Optiker. Der kennt uns und wir kennen ihn.

Benni: Ja. Da weiß man, was man hat.

Julian: Mit EBI und Harnbach ist das genau das Gleiche. Jeder will der Günstigere sein.

Dominik: Aber Harnbach drückt jeden Preis, wenn man's anderswo billiger kriegt.

Kristina: Genau, dann fahr ich erst zum EBI, Atlas, Harnbach,... und sag dann: Da isses aber billiger.

Benni: Prima: Für das Spritgeld, das du da vergurkst, bekomm ich wahrscheinlich zwei Hammer statt einen.

Jonas: Ich geh dahin, wo der Service gut ist und das Preisleistungsverhältnis stimmt.

Trine: Wir reden hier von Werkzeug und Brillen. Was mich vielmehr ankotzt, sind die Schokoladenpreise. Warum zahl ich bei Minus 20 Cent, beim Klecker 50 Cent und bei Naturana 1,50 Euro?

Julian: Das versteh ich auch net.

Kristina: Na ja. Naturana hat halt Fair-Trade-Produkte.

Dominik: Na und?

Benni: Überleg mal: Bei 20 Cent pro Tafel Schokolade, abzüglich Transport, Herstellung, Gewinn für die Firma – was bekommt da der Arbeiter?

Trine: Eigentlich hast du recht. Warum wollen wir immer das Billigste?

Jonas: Weil wir arme Schüler sind.

Trine: Ja schon, aber die, die Kakaobohnen pflücken müssen – meinst du, die gehen zur Schule?

Kristina: Ich habe mal gehört, die Konsumenten hätten durchaus die Macht, das Handeln der Firmen zu beeinflussen. Sie müssten sich bloß zusammentun, demonstrieren und konsequent die Billigwaren boykottieren.

Benni: Du meinst, die müssten höhere Löhne zahlen?

Kristina: Ja.

Dominik: Ob das funktioniert?

Trine: Wenn man's nicht versucht, kann's ja nix werden.

Jonas: Auf jeden Fall zeigt das doch, dass Geiz eigentlich überhaupt gar nicht geil ist.

Gedanken zum Spiel und zum Bibeltext Lk 12,16–21

Geiz, wie ihn die Medienmärkte propagieren, hat viel mit Schläue zu tun (darum heißt ja auch ein anderer Slogan aus derselben Ecke: „Ich bin doch nicht blöd!"): Ich bin so schlau, dass ich es schaffe, mir die tollsten, neuesten Sachen zu verschaffen – und das mit möglichst wenig Einsatz. Ohne Opfer. Ohne dass es weh tut.

Es ist zugleich die offensive Umkehr hergebrachter Werte – da schlich man sich heimlich in den Billigmarkt, damit niemand merkte, dass man sparen muss. „Ich kann mir was leisten", wird oder wurde hier als hoher Wert angesehen. „Ich habe es nämlich zu was gebracht. Ich bin erfolgreich!"

Und schließlich: Geiz macht reich! So reich, dass ich im Überfluss baden kann. Die Notwendigkeit, neue Speicher zu bauen, teilt der Kornbauer in unserem Gleichnis mit Dagobert Duck, der reichsten Ente der Welt. Und noch in einem Punkt sind sie sich ähnlich: Haben Sie einen von beiden je lachen gesehen? Wenn, dann ist es ein selbstzufriedenes Grinsen. „Geschafft!" Und: „Was bin ich für ein toller Kerl!"

Alle drei geschilderten Haltungen haben dies gemeinsam: Sie sind vollkommen selbstbezogen, auf die eigene Wirkung bedacht, den eigenen Triumph. Dabei aber – das macht das Gleichnis in seiner bitteren Pointe deutlich – vergessen sie, was wirklich zählt. Beziehungen. Die Sorge um den Nächsten. Gott. Sie lassen ihre Seele verkümmern. Und am Ende bleibt nur der Tod.

Die Anspiele weisen uns zeitgemäß darauf hin. Und was mehr ist: Sie weisen uns den Weg heraus aus der Selbstbezogenheit, sie weisen uns den Weg zu mehr Gerechtigkeit und in die Gemeinschaft.

14 Weil du mir wertvoll bist

1 Sam 16,7

Thema

Die Erwachsenen scheinen immer etwas zu finden, das sie an der Jugend aussetzen können. Dabei ist es wichtig, hinter die Fassade zu schauen. Hinter rebellischem Äußeren stecken oft eine hoffnungsvolle Zukunft und eine sehr engagierte Gegenwart. Und das Engagement der Jugendlichen ist sehr vielseitig: als Gruppenleiter oder Trainer im Sportverein, als Nachhilfelehrer oder in der Kirchengemeinde.

Man muss schon einen Blick riskieren, um zu erkennen, was dahinter bzw. in den Jugendlichen steckt. Denn jeder von ihnen ist es wert, dass man in ihm den Menschen sieht, der er ist: von Gott geschaffen und geliebt.

Rollen

- Sketch 1: Zwei Erwachsene; sieben Jugendliche im Hintergrund (ohne Text)
- Sketch 2: Sieben Jugendliche (Trine, Philipp, Krissi, Dome, Juli, Julian, Benni), zwei Erwachsene im Hintergrund (ohne Text)

Das Spiel

Sketch 1

Eine Gruppe Jugendlicher sitzt am Straßenrand – Zwei Erwachsene betrachten sie aus einiger Entfernung.

Erwachsener 1: Jetzt sehen Sie sich wieder die Jugend von heute an. Da haben die doch nichts anderes zu tun, als am helllichten Tag auf der Straße zu sitzen. Und das bei diesen Temperaturen.

Erwachsener 2: Nicht nur am Mittag. Die sitzen oft noch abends, wenn es dunkel ist. Ich seh die öfter, wenn ich aus dem Büro komme.

Erwachsener 1: Man glaubt es nicht. Als hätten sie kein Zuhause. Und schauen Sie, wie die angezogen sind. Die eine ganz in Schwarz, der nächste in Jogginghosen – und diese Klamotten ... – Kein Geschmack.

Erwachsener 2: Ja, was heutzutage nicht alles „in" ist! Wir hätten nicht so rumlaufen dürfen. Wenn ich in meiner Lehrzeit so in der Arbeit erschienen wäre, hätte man mir fristlos gekündigt.

Erwachsener 1: Ja, glauben Sie denn, dass die überhaupt was arbeiten? Die haben doch nicht mal einen Schulabschluss. Ganz zu schweigen von einem Ausbildungsplatz. Außerdem wollen die wohl gar nicht arbeiten.

Erwachsener 2: Meinem Sohn würde ich was husten, wenn der nichts arbeiten und sich rumtreiben würde. Aber mein Sohn studiert ja.

Erwachsener 1: Das würden doch alle guten Eltern so machen. Wahrscheinlich scheren sich die Eltern dieser Bande einen Dreck um ihre Kinder. Die Väter treffen sich allabendlich auf zwei – drei – zehn Bierchen in der Kneipe und die Mütter ...

Erwachsener 2: Ach, ich will gar nicht weiter darüber nachdenken. Die Jugend von heute ist schon eine Schande für unsere Gesellschaft. Und sehen Sie, wie die sich streiten! Scheinen sich regelrecht anzugiften. Wir hätten das damals vernünftig geklärt.

Erwachsener 1: Ich hätte sofort Hausarrest bekommen, wenn ich mich in der Öffentlichkeit mit anderen Kindern gezankt hätte.

Erwachsener 2: Ja, die Jugend von heute ist völlig heruntergekommen und wertlos. Keine Moral, kein Anstand, kein Abschluss, keine Ausbildung, kein Arbeitsplatz, keine Zukunft.

Sketch 2: die andere Perspektive

Die Jugendlichen unterhalten sich angeregt. Zwei Erwachsene stehen abseits.

Trine: Wenn sich die Jugend in der Gemeinde engagieren soll, dann muss man ihnen auch was bieten.

Philipp: Stimmt, wenn die was von mir wollen, dann erwarte ich auch eine kleine Gegenleistung.

Krissi: Wo ich mich nicht wohl fühle, integriere ich mich auch nicht.

Jugendleiter: Und was stellt ihr euch so darunter vor? Was kann die Gemeinde Jugendlichen bieten?

Dome: Einen Ort, wo Jugendliche immer hin können, wo jeder willkommen ist.

Jugendleiter: Aber es gibt doch Einrichtungen für Jugendliche hier.

Juli: Schon, aber da wird nichts geboten. Man müsste das einladender gestalten, mehr *action.*

Julian: Ja! Mit Partys und Ausflügen und offenem Treff und so.

Jugendleiter: Zuallererst mal eins: Formuliert doch eure Sätze nicht immer mit „man". Es liegt jetzt an euch, eure Gemeinde so zu gestalten, dass es euch und anderen Jugendlichen gefällt.

Benni: Wir dürfen also alles machen, was wir wollen?

Jugendleiter: Fast. Es gibt ein finanzielles Limit und ihr macht Vorschläge, überlegt euch Projekte, einigt euch auf eins und dürft das dann umsetzen.

Trine: Das ist der Wahnsinn. Ich bin für was mit viel Gelände drum rum.

Dome: Mit Bolzplatz zum Kicken!

Trine: Ich dachte jetzt eher an Natur und Tiere.

Benni: Bauernhof oder was?

Krissi: Und bei schlechtem Wetter? Da kommt dann keiner.

Julian: Wir brauchen einen mega Partykeller …

Juli: … mit Tischtennisplatten und Billard …

Jugendleiter: Langsam, langsam. Ihr könnt keine neuen Häuser bauen. Ihr müsst das nutzen, was da ist. Aber das könnt ihr nach euren Plänen gestalten. Und integriert ruhig noch ein paar eurer Freunde. Je mehr Leute an einem Strang ziehen, umso mehr kommt nachher raus.

Philipp: Dann würde ich vorschlagen, wir überlegen uns jeder mal bis zum nächsten Treffen was.

Krissi: Das ist gut, das machen wir.

Trine: Bleibt jemand von euch trotzdem noch n bisschen hier?

Julian: Ich muss heim, bei uns gibt's bald Essen.

Dome: Ich muss auch. Muss noch lernen. Schreib morgen Mathe.

Jugendleiter: Und ihr bleibt noch? Dann wünsch ich euch noch einen schönen Abend. Und viel Erfolg. Bis zum nächsten Treffen.

Jugendleiter geht auf die Erwachsenen zu.

Jugendleiter: Ist es nicht toll, wie unsere Jugend sich engagiert?

Gedanken zum Spiel und zum Bibeltext 1 Sam 16,7

Wie gut, dass Gott uns so nicht anschaut, nicht so skeptisch, nicht so misstrauisch, nicht so „von außen", wie es die beiden Erwachsenen tun! Wie gut, dass Gott – wie der Jugendleiter im Sketch – mit uns im Gespräch ist, uns zuhört und das Gute in uns herausfordert und freisetzt!

Stellen wir uns vor: Da sind sieben respektable Söhne, der ganze Stolz seines Vaters Isai. Sie entsprechen dem Ideal ihrer Zeit im Aussehen, in der Haltung, in ihrem Benehmen. Und dann sagt der Seher Samuel, der einen König für Israel sucht, einen König nach Gottes Willen: „Nein, keiner von denen. Gott kommt es auf das Äußere nicht an. Gott sieht das Herz an." Und die Wahl fällt auf den Jüngsten, David, und der ist wohl nicht groß genug für damalige Vorstellungen, nicht gepflegt genug vielleicht auch nach dem Schafehüten. *Gott kommt es auf das Äußere nicht an. Er sieht das Herz ...*

Ja, aber was ist denn mit den Herzen der Brüder Davids?, möchte man fragen. Sind die alle abqualifiziert? Für unwürdig befunden? – Das glaube ich nicht. Ich glaube eher, dass Samuels Worte nicht gegen die Brüder, sondern *für* David sprechen. Dessen Herz – demütig, geduldig, hingebungsvoll vielleicht –, dessen Herz will er in Gottes Dienst stellen. Weil er ein König sein kann wie ein Hirte – nach dem Willen des Herrn. – Denn Gott kann noch mehr: nicht nur, dass er nicht aufs Äußere schaut, und nicht nur, dass er das Herz anschaut – er kann mit den Herzen, die er sieht, auch was anfangen. Sie müssen nicht perfekt sein. Aber offen ...

15 Was kostet ein Mensch?

Psalm 8,4–7

Thema

In unserer heutigen, konsumorientierten Welt scheinen Menschen, die ausreichend Geld auf dem Konto haben, auch entsprechend Macht zu haben. Wer das nötige Kleingeld hat, kann sich nicht nur Autos und Häuser kaufen, sondern sogar Inseln oder ganze Firmen. Man kann sich sogar sogenannte Freunde kaufen. Aber was kostet ein Mensch?

Wir Menschen sind keine Ware, mit der man auf den Markt gehen und um deren Preis man handeln kann. Menschenhandel ist ein heikles Thema und leider noch in viel zu vielen Ländern alltäglich. Das Leben eines Menschen ist dort nicht mehr wert als die Arbeit, die er verrichten kann. Bezahlbar mit Geld oder im Tauschhandel. Ein erschreckender Gedanke und in unserer modernen Welt nicht vorstellbar. Oder doch?

Auch wir lassen uns kaufen. Kaufen und ködern vom Reiz des Geldes und der Macht, die es zu haben und zu vermitteln scheint. Wir verkaufen uns und unser Leben an Fernsehsendungen, verkaufen unsere Seelen und Körper – unser Leben. Immer unter Wert! Denn wenn Gott fragen würden, was wir wert sind, so würde er sagen: „Ich habe dich nach meinem Abbild geschaffen. Meine Liebe zu dir ist so groß, dass ich meinen Sohn in diese Welt gesandt habe, um dich und alle Menschen zu befreien. Das bist du mir wert."

Rollen

- Sketch 1: Händler 1; Frau; Kind; Erwachsener; Händler 2
- Sketch 2: Moderator, vier Mitspieler (SIE, Kandidaten 1 bis 3), Fee

Das Spiel

Sketch 1: Menschenhandel

Händler 1: Na los! Was stehst du hier noch rum? An die Arbeit! Los, los! Und komm mir nicht mit leeren Taschen zurück! Wenn du nur so wenig Freier hast wie gestern, streich ich dir das Essen heut Abend! *(die Frau ab)* Wenn das so weitergeht, muss ich mir neue Mädchen besorgen. Kindliche Gesichter sind einfach beliebter bei den Kunden. Mit zwanzig sind die einfach schon zu abgenutzt. Da taugen die nur noch zum Putzen und Kochen, aber nicht mehr zum Anschaffen. *(zu einem Erwachsenen)* Hey du! Los, komm! Und bring den Knirps mit! Es wird Zeit für euch!

Kind: Hey! Was soll das! Ich will nicht!

Erwachsener: Sei still! Oder willst du wieder im Loch landen? Ohne Essen?

Kind: Nein! Ich will zu meinen Eltern.

Erwachsener: Das geht nicht. Du gehörst ihm. Du musst arbeiten. Sonst haben deine Eltern und Geschwister nichts zu essen. Willst du das?

Händler: Was dauert da so lange! Ich bezahl euch nicht fürs Rumstehen! Ach so, ich bezahl euch ja gar nicht! *(lacht)*

Gehen, treffen einen anderen Händler mit Arbeiter.

Händler 2: Ach! Hallo!

Händler 1: Hallo! Was machen die Geschäfte?

Händler 2: Gut, gut. Ich habe gerade meine neueste Errungenschaft zu ihrem Arbeitsplatz gebracht.

Händler 1: Was ist es? Deine neue Errungenschaft?

Händler 2: Ein Mädchen. Zarte zehn Jahre alt. Unverbraucht! Ihre Eltern sind treue Lieferanten. Und wer ist dieser Knirps? Das ist ja ein Prachtexemplar! Wird mal ein kräftiger Arbeiter.

Händler 1: Der? Der taugt nichts! Ist aufsässig und jammert ständig. Er bringt nur Unruhe in die anderen.

Händler 2: Er gefällt mir. Was willst du für ihn?

Händler 1: Für den? Naja, sagen wir... Ich brauch ihn nicht. Bekomme nächste Woche sowieso ne neue Lieferung. Aber mein Viehbestand geht zur Neige.

Händler 2: Ich biete dir eine Kuh im Tausch an.

Händler 1: Eine Kuh? Nur eine? Für einen Arbeiter?

Händler 2: Also gut. Eine tragende Kuh. Da hast du in einem Monat noch ein Kalb dazu.

Händler 1: Das ist ein Deal. Also. Hand drauf.

Händler 2: Hand drauf! Ich nehm den Knirps gleich mit und schick dir heut Nachmittag einen mit der Kuh.

Händler 1: Abgemacht. Jetzt muss ich aber los! Ich bin noch verabredet.

Händler 2: Geschäftlich?

Händler 1: Natürlich! Der Kerl hier wechselt seinen Besitzer. Er hat zu große Hände für meine Teppichknüpferei. Aber einer kann ihn brauchen. Im Bergbau. Dafür krieg ich einen anderen. Er meint, der wär ihm schon zweimal zusammengeklappt. Aber er hat kleine Hände. Da kann man gut knüpfen.

Händler 2: Na dann. Gutes Geschäft noch. Bis bald.

Alternativ: Marktschreier preist „Ware" an: Kind, Erwachsener, Frau, Mädchen

Sketch 2: Herzblatt

Moderator: Herzlich willkommen, meine Damen und Herren, zur heutigen Folge von „Herzblatt". Ich bin gespannt, welche Herzen wir dieses Mal glücklich machen können. Und hier ist die junge Dame, die heute noch ihr Herzblatt mit nach Hause nimmt. Begrüßen Sie sie mit einem herzlichen Applaus!

Auftritt junge Frau mit Augenbinde

Moderator: Hallo und herzlich willkommen. Setz dich doch bitte. Wir wollen gar nicht so viel über dich reden, sondern dir lieber deine Kandidaten präsentieren, die du natürlich nicht siehst! – Und hier sind sie: Die drei Kandidaten!

Auftritt drei Kandidaten, ebenfalls mit Augenbinden

Moderator: So. Nachdem wir es uns alle bequem gemacht haben, können wir ja beginnen.

Sie: Kandidat 1, was führt dich heute Abend hier her?

Kandidat 1: Die Suche nach der Frau, die mich aus meiner Einsamkeit holt und mein großes Haus mit Kindern füllt.

Sie: Kandidat 2, wie glaubst du, sehe ich aus?

Kandidat 2: Wie ein Engel, eine Prinzessin. Schöner, als meine Fantasie es jemals ausmalen könnte.

Sie: Kandidat 3, was ist dein größter Wunsch heute Abend?

Kandidat 3: Dass du mit dem Mann den Raum verlässt, der dich glücklich machen wird.

Sie: Kandidat 2, was machst du beruflich?

Kandidat 2: Ich arbeite in einem kleinen Büro und entwerfe die Träume der Kunden: Häuser, Autos, Gärten.

Sie: Kandidat 1, was machst du beruflich?

Kandidat 1: Ich führe ein angesehenes Unternehmen, mit vielen Angestellten und Milliardenumsätzen pro Jahr. Wenn ich nicht geschäftlich auf Reisen bin, arbeite ich von Zuhause aus oder pflege die Kunden.

Sie: Und Kandidat 3, was ist dein Beruf?

Kandidat 3: Ich arbeite viel mit Menschen zusammen. Mit Kindern und Jugendlichen, Erwachsenen und alten Menschen.

Sie: Kandidat 2, was kannst du deiner Traumfrau bieten?

Kandidat 2: Ich werde dir jeden Wunsch von den Augen ablesen und dich auf Händen durchs Leben tragen. Ich hole dir die Sterne vom Himmel und streue Blumen auf den Boden, auf dem du gehst. Wir werden gemeinsam träumen und glücklich werden wie im Märchen.

Sie: Kandidat 1, was bietest du der Frau fürs Leben?

Kandidat 1: Ich biete ihr ein Haus im besten Viertel der Stadt. Groß genug, um einer ganzen Horde Kindern Platz zu bieten. Selbstverständlich wird die Hausarbeit für dich erledigt. Und auch ein Kindermädchen hätte noch Platz. Da ich mein Geld nicht allein ausgeben kann, hättest du die Möglichkeit, so oft shoppen zu gehen, wie du willst. Dabei ist es egal, ob du mit einem unserer Ferraris, Porsches oder Lamborghinis in die Stadt fährst oder mit unserem Privatjet die Metropolen von Mailand, Paris, London oder New York unsicher machst.

Sie: Kandidat 1, wie sieht die Zukunft einer Frau in deinem Leben aus?

Kandidat 3: Ich kann kein Leben bieten in Luxus und Sorglosigkeit. Ich will dir nicht das Blaue vom Himmel versprechen und auch nicht den Mond oder die Sterne. Ich bin kein Milliardär und auch kein Märchenprinz. Ich komme nicht im Lamborghini oder auf einem edlen Ross, um dich aus deinem Leben zu entführen. Ich bin so, wie ich bin. Und ich werde dich akzeptieren, so wie du bist. Unsere Zukunft steht offen. Ich möchte sie mit dir gemeinsam gestalten und dich nicht in ein Leben einsperren, das du nicht willst. Es ist mir nicht wichtig, dass du schön bist wie eine Prinzessin und dich kleidest wie ein Star. Es ist mir wichtig zu erfahren, wer du bist, dass du ehrlich zu mir bist und dass du glücklich werden kannst mit dem, was wir gemeinsam erarbeiten.

Moderator: Nun musst du dich entscheiden für dein Herzblatt. Unsere Liebesfee fasst für dich noch einmal zusammen, was die Kandidaten zu bieten haben.

Fee: Wer wird nun dein Herzblatt: Ist es Kandidat 1, der dir ein Leben in Luxus und Sorglosigkeit bietet, dich mit dem Privatjet nach Paris zum Shoppen bringen lässt und von seinen zahlreichen Geschäftsreisen die schönsten Souvenirs mitbringt? Oder ist es Kandidat 2, der Märchenprinz, der die Träume seiner Kunden entwirft, dich aus deinem Alltag reißt und dich auf Händen durchs Leben trägt? Oder entscheidest du dich für Kandidat 3, der eure Zukunft mit dir gemeinsam planen will und der dich nicht wegen deines Äußeren liebt, sondern wegen deiner inneren Werte? – Nun liegt es an dir. Wer wird dein Herzblatt?

Sie: Kandidat 1, ein Leben in Luxus und Sorglosigkeit klingt verlockend. Aber ich glaube nicht, dass man Liebe kaufen kann. Eine Frau sollte mehr wert sein, als Geld und Güter. – Kandidat 2, als Kind habe ich oft von einem Märchenprinzen geträumt, der mir die Sterne vom Himmel holt. Diese Träume sind zerplatzt wie Seifenblasen und ich weiß, dass das echte Leben anders ist. – Kandidat 3, du stehst mit beiden Beinen fest im Leben. Du machst niemandem etwas vor. Du akzeptierst die Menschen so, wie sie sind. Die Frau fürs Leben ist dir mehr wert, als du jemals bezahlen könntest. Du schenkst ihr nicht die neuesten Kleider und auch nicht deine Träume. Du schenkst ihr das, was dir am meisten wert ist, was dir am meisten bedeutet: dein Herz und dein Leben. Deshalb möchte ich versuchen, mit dir, Kandidat 3, unsere Zukunft gemeinsam zu gestalten und so unser beider Leben lebenswert machen.

Gedanken zum Spiel und zum Bibeltext Psalm 8,4–7

Was ist ein Mensch wert? Biologisch vielleicht den Wert der Baustoffe, aus denen sein Körper besteht. Medizinisch vielleicht, was seine Organe wert sind, wenn ein anderer sie dringend braucht. Im Sport vielleicht die Summe, die er seinem Verein an Ablöse einbringt, als Star vielleicht eine Gage. Vor Gott – und das ist den Menschen immer wieder aufgefallen – eigentlich unendlich wenig und zugleich unendlich viel. Wenig, weil Gott so viel größer ist (Gras ist das Volk ...). Viel – viel nur deshalb, weil Gott uns so liebt. Denken Sie einmal an den Menschen, den Sie am meisten auf der Welt lieben: Was ist er wert? – Nein, die Frage ist falsch: Was ist er IHNEN wert? Finden Sie Bilder dafür, Vergleiche ... – Genauso viel, nur mehr, sind Sie Gott wert, so, wie Sie sind, vom Tag Ihrer Geburt an. Und schon viel länger. Was für ein Wunder!

LEBENSSINN – LEBENSWAHL

"BIN ICH OKAY?"

16 Sekten: Teure Versprechen

1 Johannes 4,1

Das Thema

Sekten gibt es überall, in jeder Stadt. Sie sind ständig auf der Suche nach neuen Anhängern. Jugendliche gelten dabei als leichte Beute. Sie sind leichter zu manipulieren als Erwachsene und oft eher dazu bereit, sich auf etwas Neues und Aufregendes einzulassen. Die Sekten werben mit Zugehörigkeit, Einfluss und himmlischer Belohnung. Verlockend vor allem für Jugendliche, die in ihrem sozialen Umfeld wenig Rückhalt und Unterstützung bekommen.

Doch was wie ein himmlisches Versprechen klingt, endet häufig in höllischen Zwängen. Wer einmal drin ist, kommt so schnell nicht mehr raus. Aus Zugehörigkeit wird Hörigkeit, Gehorsam. Das gesamte Leben wird von der Sekte bestimmt: keine eigene Meinung, kein freier Wille. Nur Abhängigkeit und Zwang.

Dem gegenüber steht die Kirche. Eine Gemeinschaft, die nichts erzwingt. In der jeder Mensch willkommen ist, so wie er ist. Jeder Einzelne ist ein Kind Gottes. Mit einer eigenen Persönlichkeit, eigenem Willen, Stärken und Schwächen. Aber stets von Gott geliebt.

Die Rollen

- Julia
- Vater
- Mutter
- Sektenmitglieder: Laura, Sebastian
- von der Jugendkirche: Marina, Anna, Benni

Das Spiel

Julia kommt ins Zimmer; Vater sitzt mit Rücken zur Gemeinde am Tisch.

Julia: Papa, ich habe ein Problem. Kann ich bitte mal mit dir darüber reden?

Vater: *(dreht sich genervt um)* Julia, bitte, du siehst doch, dass ich gerade sehr beschäftigt bin, also lass mich in Ruhe. Geh doch zu deiner Mutter.

Julia: *(geht in die Küche, wo ihre Mutter zwischen Herd und Kochbuch hin- und hereilt)* Mama, ich hab ein Riesenproblem: Immer, wenn ich von der Schule komm, lauern mir so Typen auf und … .

Mutter: *(dreht sich um)* Julia, ich muss mich grad sehr konzentrieren. Ein wirklich anspruchsvolles Rezept! Für deine Probleme hab ich jetzt keinen Nerv. Geh doch zu deinem Vater.

Julia: Aber ich …

Mutter: Kein Aber! Tu gefälligst, was ich dir sage!

Julia: *(geht wieder zu ihrem Vater)* Papa, Mama hat gesagt, ich soll …

Vater: Mein Gott, Kind, wie oft soll ich dir noch sagen, dass ich jetzt keine Zeit habe!

Julia verlässt das Haus und kickt eine Papierkugel weg; Laura und Sebastian kommen heran.

Laura: Hallo. Was machst denn du für ein Gesicht?

Julia: Mir geht's auch nicht gerade gut.

Sebastian: Das lässt sich ändern! Wir gehören einer Gemeinschaft an, die sich zum Ziel gesetzt hat, traurigen Menschen zu helfen. Was du dafür tun musst, ist nichts im Gegensatz zu dem, was du bekommst!

Laura: Genau. Wenn du zu uns kommst und unserem Anführer gehorchst, dann garantieren wir dir ein glückliches und frohes Leben und – alles, was du willst.

Sebastian: Und wenn du noch mehr Mitglieder wirbst oder unserem Anführer gegenüber besonders demütig bist, dann nimmt er dir all deine Sorgen und Probleme und du kommst ins Paradies.

Laura: Und du musst nur einen minimalen Beitrag pro Sitzung zahlen. Echt gar nichts im Gegensatz zu dem, was dir gegeben wird.

Sebastian: Hier hast du unsere Bibel. Du musst sie jedes Jahr einmal lesen und dich ganz genau an ihre Gebote halten, dann kann es dir nur noch gut gehen.

Laura: Wenn du dich aber nicht daran hältst, dann … *(fährt mit der Handkante am eigenen Hals entlang)* … wirst du ganz furchtbar bestraft.

Sebastian: Also komm am Sonntag mit, wir holen dich um 22.00 Uhr ab.

Julia: Aber ich …

Laura: Also bis dann. Wir kommen wieder!

Laura und Sebastian gehen; Jugendliche vom JuGo-Team kommen.

Marina: Bei denen würde ich aber nicht mein Heil suchen.

Julia: *(überrascht)* Wer seid ihr denn?

Marina: Darf ich vorstellen: Marina, Anna, Benni. Und wer bist du?

Julia: Julia, aber ihr könnt ruhig Jule sagen.

Alle: Hi, Jule.

Anna: Das waren Sektenmitglieder. Unser Gruppenleiter hat uns vor denen gewarnt. Haben sie dir auch schönes Leben und „blablabla" versprochen?

Julia: Ja, und das Paradies, wenn ich ihre Bibel befolge.

Marina: Ja, das ist ne ganz miese Masche von denen, sie versprechen dir alles, was du dir nur wünschen kannst, und dann beuten sie dich gnadenlos aus.

Benni: Also, wenn du Hilfe brauchst oder einfach nur nette Leute kennenlernen willst, dann empfehle ich dir, zur JuKi zu gehen.

Julia: JuKi? Was ist denn das. Ist das auch eine Sekte?

Anna: Eine Sekte? Quatsch. Das ist die Abkürzung für Jugendkirche. Wir gestalten Gottesdienste für Kinder und Jugendliche. Und wir glauben an Gott, nicht an Satan oder so.

Marina: Wir haben jetzt unser Gruppentreffen, das heißt, wir spielen zusammen was, diskutieren und reden vor allem über uns und unsere Probleme. Man kann sogar über Dinge reden, die keiner wissen soll. Da erzählt keiner was weiter.

Benni: Wenn du Lust hast, dann komm doch einfach mit. Es gefällt dir bestimmt. Und wenn nicht, dann kannst du auch wieder gehen. Bei uns ist jeder willkommen, egal, ob deutsch oder nicht, Junge oder Mädchen, reich oder arm.

Julia: Das hört sich gut an. Ich komm einfach mal mit und schau's mir an. Okay?

Alle: Klasse.

Nehmen Julia in den Arm und nehmen sie mit.

Gedanken zum Spiel und zum Bibeltext 1 Joh 4,1

Traut nicht jedem Geist, sondern prüft die Geister. Der erste Johannesbrief, der diesen Appell enthält, nennt ein klares Kriterium. Verlassen kann man sich auf die, die Christus als ihren Herrn bekennen. Christus, der aus Liebe in die Welt gekommen, aus Liebe gestorben und auferstanden ist. In allem, was er sagte und tat, wies er uns an den Nächsten, an das Leben, wies er uns an, das Leben leichter, freundlicher, heller zu machen – für uns und für alle. Er legte auf Barmherzigkeit wert, er achtete auf die Kleinen und Schwachen, ließ niemanden im Regen stehen. Er teilte Brot und Wein.

Und dann ist da noch etwas, etwas ganz Besonderes. Ich denke an die Versuchungen, denen Jesus nach seiner Taufe ausgesetzt war: Seine göttliche Macht zu gebrauchen, um sich selbst zu helfen; die Liebe Gottes zu missbrauchen, um Wunder zu wirken, um selbst gut darzustehen; der äußeren Macht der Welt zu huldigen, um selbst Macht zu gewinnen. All das hat er nicht getan. Lieber hat er gelitten, als sich selbst zu helfen; lieber hat er das Schweigen Gottes ausgehalten, als zu versuchen, ihn sich verfügbar zu machen, lieber überließ er die Welt sich selbst, als sie gewaltsam zu ordnen. Und blieb doch – über den Tod hinaus – in ihr mit seiner Liebe.

Ja, das sind deutliche Zeichen, anstrengende auch. Sie sind schwer zu verstehen, schwer zu vermitteln. Sie fallen auf. Ecken an. Verlassen kann man sich auf die, die Christus ihren Herrn nennen. Es gibt aber auch welche, die nennen ihn so – und meinen nicht ihn. Darum, scheint es mir, reicht das Lippenbekenntnis nicht aus. Auf den Geist muss man schauen, in dem sie bekennen, in dem sie leben und Gemeinschaft halten.

17 Mach mal Pause

Kohelet / Prediger 3,1–22

Das Thema

Der Terminkalender. Ohne ihn geht es nicht mehr. Nicht nur Erwachsene, auch Jugendliche und sogar Kinder müssen vielen verschiedenen Verpflichtungen nachkommen. Alles, was neben der Schule an Freizeit übrig bleibt, wird verplant: Sport, Musikschule, Jugendgruppen, Freunde. Das, was als „freie Zeit" definiert ist, wird wieder unfrei. Natürlich sind Hobbys wichtig und wertvoll. Wir knüpfen Kontakte, bauen Freundschaften auf und nutzen die Zeit, wie wir es wollen. Und bis zu einem bestimmten Punkt tut uns das auch gut. Und dennoch fehlt uns wieder die Zeit für uns selbst. Zeit, zur Ruhe zu kommen. Zeit, nachzudenken: über Banalitäten, das Leben, sich selbst und auch über Gott. Gott gab uns Zeit – von Eile hat er nichts gesagt.

Die Rollen

Szene 1

- Eine Wandergruppe; ein Sprecher; der Expeditionsleiter;
- indische Träger, davon einer, der spricht

Szene 2

- Lehrer; Julia
- Anna, ihre ständige Begleiterin
- Nicole, eine Freundin
- Simon, ein Freund
- Sven, Julias Freund

Das Spiel

Szene 1: Himalayaexpedition

Die Gruppe läuft und lässt sich dann nieder.

Sprecher: Eine Himalayaexpedition ist unterwegs nach Norden. Nachdem die Gruppe den ersten großen Pass überschritten und eine kurze Rast gemacht hat, ruft der Expeditionsleiter wieder zum Aufbruch …

Leiter: Auf geht's! Wir gehen weiter! Genug Pause gemacht!

Sprecher: Dem leisten aber die indischen Träger nicht Folge. Als ob sie nichts gehört hätten, bleiben sie auf ihren Planen hocken, die Augen am Boden, und schweigen.

Leiter: Na, wird's bald! Ich habe gesagt, wir gehen weiter! Was ist?

Sprecher: Als der Europäer weiter in sie dringt, schauen ihn einige Augenpaare verwundert an. Schließlich sagt einer:

Träger: Wir können nicht weitergehen, wir müssen warten, bis unsere Seelen nachgekommen sind.

Szene 2: Julias Tag

Anna hält sich immer dicht an Julia; sie „spielt" ihren Schatten.
Gruppe von Schülern im Klassenraum, Lehrer vorn; kurz vor Ende der Stunde.

Lehrer: Mensch, Julia, deine Leistungen lassen ja sehr zu wünschen übrig. Vielleicht solltest du mehr lernen! – So und als Hausaufgabe rechnet ihr bitte die Seiten 7 und 8 und verbessert die Klassenarbeit.

Schüler gehen.

Nicole: Hey Julia, gehen wir nach'm Volleyball noch Eis essen?

Julia: Klar, gern!

Simon: Hi, Mädels, kommt ihr morgen mit ins Kino? Es läuft ein echter Spitzenfilm!

Nicole: Klar, wir haben lange nichts mehr gemeinsam gemacht. Was ist mit dir?

Julia: Wenn Simon mir am Mittwoch Nachhilfe in Mathe geben kann, gehe ich mit.

Simon: Geht klar. Dann bis morgen.

Simon ab, dann auch Nicole. Julia auf dem Heimweg, Buch in der Hand (Anna stumm dabei).

Julia: Ich kann mir das nicht merken … Wie soll ich bloß die verdammte Französischarbeit schaffen?

Kommt zu Hause an (Anna stumm dabei); findet Zettel, liest …

Julia: Wieder ein Zettel von Mama: „Hallo Liebling, mach dir was zu essen und bringe bitte Waschpulver mit." *(schaut auf die Uhr)* Was, schon fünf? Ich muss los! Essen fällt aus!

Später. Julia kommt mit Sporttasche nach Hause (Anna stumm dabei); Telefon klingelt.

Julia: *(nimmt ab, meldet sich)* Ja?

Sven: Hallo Schatz, ich bin es. Hast du kurz Zeit?

Julia: Aber nur ganz kurz! Ich muss noch Hausaufgaben machen, die Mathearbeit verbessern, Französisch lernen und Chemie nachholen.

Sven: Ich wollte dich nur fragen, ob du morgen Zeit hast.

Julia: Nee, Sorry. Morgen geh ich schon mit ein paar Kumpels ins Kino.

Sven: Und Mittwoch?

Julia: Gibt mir Simon Nachhilfe in Mathe. Donnerstag hab ich schon wieder Volleyball und außerdem schreiben wir am Freitag Latein. Freitag hab ich bis 18 Uhr Schule und danach Schwimmtraining. Und am Wochenende haben wir Orchesterprobentage.

Sven: Und für deinen Freund hast du keine Zeit?!

Julia: Vor nächster Woche nicht mehr.

Sven: Dann melde dich mal wieder, wenn du einen Termin frei hast! *(legt auf)*

Julia: *(schaut auf die Uhr)* O Gott, schon wieder halb zehn. Jetzt noch Hausaufgaben machen und duschen und …

Anna: Und was ist mit mir? Hast du auch mal Zeit für mich? Du brauchst nicht so zu schauen, ich bin in dir! Das heißt, ich bin du! Ich bin deine Seele! Nimm dir Zeit für mich und für dich. Merkst du nicht, dass du dich selbst zerstörst?

Gedanken zum Spiel und zum Bibeltext Koh 3,1–22

Wenn wir das lernen könnten! Innehalten. Auf die Seele warten. Dann käme sie auch mit bei dem, was wir tun. Und wir sähen den Sinn. Oder Unsinn …

18 Idole und Ideale

1 Kor 12,4–11

Thema

Sie sehen umwerfend aus, singen wie Engel, beherrschen ihr Instrument wie kein anderer und bringen herausragende Leistungen in ihrer Disziplin. Was gäben wir darum, auch nur annähernd so gut zu sein! Und so versuchen wir, ihnen nachzueifern. Sie werden zu Vorbildern für uns, Idole. Doch häufig verbirgt sich hinter der Fassade des Erfolgs eine traurige Realität: Das bildhübsche Model ist magersüchtig, der Superstar singt seine Konzerte playback und der Spitzensportler ist gedopt. Wir eifern einem Trugbild hinterher und verlieren uns dabei selbst.

Jeder Mensch hat etwas, das ihn antreibt, ein Ziel, das es zu erreichen gilt. Dabei muss jeder selbst wissen, wie weit er es schaffen kann, wann er eine Pause braucht und welchen Weg er nimmt. Gott begleitet uns auf unserem Weg. Auch wenn wir uns mal verlaufen haben, lässt er uns nicht allein. Er ist immer bei uns und manchmal trägt er uns auch ein Stück.

Rollen

Sketch 1

- Jugendliche: Julia, Nicole, Simon, Isabell, (Svantje); Star: Laura; 2 Sanitäter: Sven, Markus; Manager: Sebastian

Sketch 2

- Jugendliche: Simon, Nicole, Sebi, Laura, Jule, Sven

Das Spiel

Sketch 1

Jugendliche unterhalten sich vor einem Konzert

Nicole: Ich bin so aufgeregt! SIE kommt – ausgerechnet zu uns in die Stadt!

Julia: Ja. Und dann das Glück, dass wir noch Karten bekommen haben.

Simon: Also ich kann nicht verstehen, was ihr als Mädchen so toll an IHR findet.

Nicole: Aber du schwärmst auch total für SIE, oder?

Simon: Ja. Vor allem für ihre Locken!

Julia: Und ihre langen braungebrannten Beine.

Simon: Ihre Figur.

Nicole: So eine Figur müsste man von Natur aus haben. Ich hab für meine monatelang Diät machen müssen.

Julia: Für die Figur kann man viel tun, aber für solche Locken... Was gäbe ich für solche Locken!

Simon: Dann würdest du wenigstens mal attraktiv aussehen.

Julia: He, na hör mal!

Nicole: Hört auf. Ich hab mir übrigens das Top gekauft, das sie im letzten Clip getragen hat.

Julia: Echt? Das musst du mir mal zeigen!

Nicole: Klar! Ich wäre so gern ein Star: berühmt, beliebt, von allen Männern umschwärmt, ein herrliches Leben. Nie allein ...

Simon: Los, kommt, wir dürfen rein!

Im Konzert; Laura singt. Alle schreien und kreischen, Isabell fällt um, Sanitäter tragen sie raus. Hinter der Bühne.

SIE: *(zündet sich eine Zigarette an)* War das anstrengend, erst mal 'ne Erfrischung *(greift zur Flasche)* Ah, das tut gut.

Manager: Super, Kleines, gesungen hast du ja nicht besonders, aber dein Kopfgärtner hat dich ja ganz gut hingekriegt. Das hat's rausgerissen. Also bis heute Abend im Hotel.

SIE: Wie ich Lust habe, mich mit diesem Mistkerl wieder zu treffen. Hoffentlich lässt er mich bald in Ruhe. Aber was tut man nicht alles für seine Karriere.

Jugendliche nach dem Konzert.

Simon: Das war voll der Hammer!

Nicole: Die sieht live fast noch besser aus als im Clip.

Julia: Also ich überlege mir ja ernsthaft, ob ich nicht Gesangsunterricht nehmen soll.

Simon: Zum Star gehört aber auch eine gute Figur.

Nicole: Wie wär's mit Schlankheitsdiät?

Simon: Und Fitnessstudio, dann komm ich mit.

Julia: Eh, dann kann ich mir nämlich auch das Top kaufen, dass sie heute getragen hat.

Nicole: Super! Ich geh mit dir shoppen!

Simon: Bringt ihr mir ein Megaposter für mein Zimmer mit?

Sketch 2

Jugendliche treffen sich; allgemeine Begrüßung mit Küsschen; Simon kommt verspätet.

Simon: Sorry, ich war noch im Training.

Nicole: Unser Fußballstar.

Sebi: Du spielst auch Fußball? Wo denn?

Simon: Na, wo wohl! Im besten Verein, den es gibt!

Laura: Ihr und euer Fußball. Dieses brutale Schienbeingekicke. Volleyball ist viel besser!

Jule: Du spielst richtig im Verein, oder? Spielst du schon lang?

Laura: Ja, ziemlich! Ich trainiere sogar unseren Nachwuchs.

Jule: Echt. Dann machst du also auch was mit Kindern.

Nicole: Ach stimmt, du „trainierst" ja deine Schüler.

Sven: Schüler?

Jule: Ich unterrichte Blockflöte.

Sven: Ach so. Du tanzt, stimmt's?

Nicole: Ja.

Laura: Willst du das Tanzen mal hauptberuflich machen?

Nicole: Nee, ich will Rechtsanwältin werden.

Laura: Cool! Schließen wir uns zusammen. Ich will nämlich Rechtsanwaltsgehilfin werden.

Sven: Ich werde Polizist!

Sebi: Du? Der die ganze Zeit am liebsten irgendwo abhängt, gern auf Partys geht und keine Chance auslässt, irgendwelche Mädels anzubaggern.

Sven: Ja! Na und? Außerdem sagt das gerade der Rechte, wer …

Simon: Hört auf! Ich kann mir Sven gut als Polizist vorstellen. Lasst ihn doch für Recht und Ordnung sorgen, wenn es ihm liegt und es ihm Spaß macht.

Sven: Genau! Wäre das nicht auch was für dich?

Simon: Polizist? Nee. Ich will zur Bundeswehr!

Sebi: Hauptberuflich?

Jule: Als Mädchen für alles oder als Kantinenoberkoch?

Simon: Sehr witzig! Als Feldjäger! Und du wirst bestimmt Relilehrerin, so bibelfest wie du bist.

Jule: Ich wollte eigentlich Tiermedizin studieren.

Sebi: Dann weiß ich, wem ich meinen Goldfisch nicht in Behandlung gebe!

Laura: Sei nicht so gemein, sag uns lieber, was du mal werden willst.

Sebi: Ich weiß noch nicht genau. Ich brauche noch etwas Zeit, um mir zu überlegen, was am besten zu mir passt.

Nicole: Da hast du recht, überleg's dir gut. Hat jemand Lust auf Cola?

Alle: Klar!

Gedanken zum Spiel und zum Bibeltext 1 Kor 12,4–11

Glaubt man den Hirnforschern, so hat der Mensch, wenn er geboren wird, nahezu unendlich viele Möglichkeiten, sich zu entwickeln. All diese unverbundenen Gehirnzellen! Werden sie erst verbunden, werden sie auch festgelegt. Aus dem ungeordneten Vielen wird ein geordnetes Weniger. Und immer weniger.

Hört man jungen Leuten zu – wenn sie gut drauf sind wie unsere Jugendgruppe –, so haben sie immer noch genug Möglichkeiten. Sie haben Talente, die sie kennen (oder noch nicht), sie haben Interessen. Beides lässt sich entwickeln.

Dass da was ist, und zwar bei jedem, das betont Paulus in seinem Brief an die Korinther. Und dass das eine nicht gegen das andere ausgespielt werden sollte, sondern dass alles miteinander ins Spiel kommt, in das gemeinsame Spiel des Lebens.

19 Was ist Wahrheit?

Mt 21,28–32

Thema

Der Erste, der Beste sein – wer will das nicht? Nur wer ganz groß rauskommt und es zu etwas bringt, dem stehen die Türen und Herzen offen. Wir wollen den Erfolg im Beruf und träumen davon, das große Geld zu machen. Wir wollen unsere Freunde beeindrucken und dem oder der Angebeteten gefallen. Wir wollen erfolgreich, begehrt, geliebt und geachtet werden und stets die Nase vorn haben.

Doch wir sind nicht immer so perfekt. Wir sind nicht immer die Besten, Schnellsten und Klügsten. Wir haben alle unsere Fehler und Macken. Und eben die machen uns menschlich und zu ganz individuellen Persönlichkeiten. Und es gibt keinen Grund, sich deshalb hinter einer Fassade aus Lügen und Schönreden zu verstecken.

Wir sind nicht von Gott geschaffen, um perfekt zu sein. Wir sind als sein Abbild geschaffen. Mit all unseren Macken und Schönheitsfehlern. Wir sind ein Wunderwerk Gottes, ein Kunstwerk, etwas Einzigartiges. Und Gott liebt uns alle, so wie wir sind. Und das ist die Wahrheit.

Rollen

- Szene 1: drei Jurymitglieder (Simon, Nicole, Julia)
- Szene 2: Chef (Michael), Bewerberin (Jenny), Kumpel (Simon)
- Szene 3: drei Jugendliche (Julia, Nicole, Simon)

Das Spiel

Sketch 1: Superstar

In der Garderobe der Jury.

Simon: Also gut, wer wird diesmal Superstar?

Nicole: Auf gar keinen Fall diese Jenny!

Julia: Der Meinung bin ich auch! Diese Weiber stieren mich total an. Immer diese Blicke: „Wie kann die nur in der Jury sein, die sieht ja nicht mal gut aus!?"

Nicole: Genau, die halten sich ja immer für so toll.

Simon: Also einer der Jungs. Sven oder Michael?

Julia: Wie wär's mit Sven, der sieht wenigstens noch einigermaßen gut aus und kann auch ein bisschen singen.

Simon: Mädels, ihr denkt immer nur ans Aussehen! Die Leute da draußen wollen einen lustigen Superstar, einen Komiker.

Nicole: Also wird Michael der neue Superstar.

Julia: Wen haben eigentlich die Zuschauer gewählt?

Simon: Jenny, mit 50 %. Dann kommen Sven mit 40 % und Michael mit 10 %.

Auf der Bühne.

Simon: Meine Damen und Herren, die Stunde der Entscheidung ist gekommen. Sie haben ihren Superstar gewählt.

Julia: Und hier kommen Ihre Kandidaten: Jenny, Michael und Sven

Nicole: Sie haben es alle sehr weit geschafft. Herzlichen Glückwunsch.

Simon: Und hier das Wahlergebnis!

Nicole: Wir haben 10 % für Jenny.

Julia: 40 % für Sven.

Simon: Und damit ist Michael mit 50 % der neue Superstar!

Sketch 2: Bewerbungsgespräch

Beim Bewerbungsgespräch.

Michael: Ja, Frau Meier. Ihre Bewerbungsunterlagen sehen ja richtig ordentlich aus. Und an Ihrem Lebenslauf sind ebenfalls keine Mängel zu entdecken. Und nach allem, was ich aus unserem Gespräch so erfahren habe, sind Sie eine tüchtige Frau. Ich würde sagen: Wir nehmen Sie.

Jenny: Wirklich? Ja, dann vielen Dank Herr … Herr Moll. Wann kann ich denn anfangen?

Michael: Ihr erster Arbeitstag ist der 5. Januar nächsten Jahres. Genauere Informationen bitte ich Sie bis kommende Woche in der Firma abzuholen. Auf Wiedersehen, Frau Meier.

Jenny: Auf Wiedersehen, Herr Moll.

Vor der Tür wartet ein Kumpel.

Simon: Und? Wie wars?

Jenny: Spitze! Er nimmt mich!

Simon: Super! Und das trotz deiner Drogengeschichte letzten Jahres? (kurzes Schweigen) Du hast sie aus dem Lebenslauf gestrichen, stimmt's?

Jenny: Was hätte ich denn tun sollen? Mit dieser Geschichte bekomm ich nie einen Arbeitsplatz!

Sketch 3: Bester sein

Clique steht beisammen; Julia kommt hinzu.

Julia: Hey Leute seht mal, was ich habe! Die allerneuste DVD!!!

Nicole: Ach, die. Die hab ich schon ne halbe Ewigkeit zu Hause.

Unterhalten sich noch etwas; gehen auseinander.

Simon: Du Nicole. Du hast doch auch diese neue DVD. Könnten wir die nicht mal zusammen ansehen?

Nicole: Ehm, nun ja, geht leider nicht, ehm, die … die hat gerade meine Tante!

Simon: Aber wenn du sie wieder hast. Oder möchtest du nicht mit mir zusammen die DVD ansehen?

Nicole: Doch, doch! Natürlich! Sehr gern sogar!

Simon: Also gut, ruf mich an, wenn du sie hast. Ciao.

Nicole: *(zu Julia, die die ganze Zeit dabei stand)* Und nun?

Julia: Was und nun?

Nicole: Ich hab die DVD doch gar nicht! Ich wollte ihm doch nur imponieren, weil er mir so gut gefällt und ich mich einfach nicht traue, ihn anzusprechen!

Julia: Ach, daher weht der Wind. Hab ich es mir doch gedacht! Und das mit der neuen CD letzte Woche und dass dein Vater vom Geschäft ein Auto geschenkt bekommen hat und so, das stimmt wohl auch alles nicht!

Nicole: Ja stimmt, tut mir leid. Kann ich mir trotzdem die DVD leihen? Bitte!

Julia: Na gut, aber lüg mich bitte nicht mehr an, nur um Jungs zu imponieren!

Gedanken zum Spiel und zum Bibeltext – Mt 21,28–32

Um Reden und Tun geht es hier, um Schein und Sein. Sich gut darstellen, dem Konflikt aus dem Weg gehen, sich möglichst bequem durchs Leben schlängeln – das mag möglich sein und bis zu einem gewissen Grad scheint es erstrebenswert.

Da bittet der Vater seine beiden Söhne um einen Dienst. Und der eine sagt ja, der andere nein. Der Jasager hat aber doch eigentlich keine Lust und lässt es. Der Neinsager dagegen bekommt ein schlechtes Gewissen und tut es. „Wer von den beiden", fragt Jesus, „hat den Willen des Vaters getan?" – Das sieht man dann am Ergebnis.

Und dieses Ergebnis ist mehr als ein gut ausgeführter Job oder ein gutes Image – wenn Jesus Gleichnisse erzählt, geht es ums Ganze: um heile Beziehungen und um unser Mitwirken am Bau des Reiches Gottes.

20 Suchen – wagen – finden

Lukas 5,1–11

Thema

Wir suchen: Wir suchen nach Freunden, Beziehungen, dem richtigen Job, dem Partner fürs Leben. Aber auch uns selbst und unseren eigenen Weg.

Wir wagen: Wir wagen uns an neue Herausforderungen im Job, ein neues Hobby, einen neuen Lebensabschnitt in einer fremden Umgebung, machen den ersten Schritt auf einen fremden Menschen zu, beschreiten neue Wege.

Wir finden: Wir finden unterschiedliche Menschen, unterschiedliche Reaktionen, werden enttäuscht oder ermutigt, finden eine neue Heimat, neue Freunde, Glück und Friede, finden uns und unseren Weg.

Auf diesem Weg durch unser Leben begleitet uns Jesus Christus. Er hilft uns bei unserer Suche, ermutigt uns, Wagnisse einzugehen, und hilft uns zu uns selbst und letztendlich zu Gott zu finden. Jesus selbst ist der Weg, die Wahrheit und das Leben.

Rollen

- Sketch 1: Steffen, Anne, Jenny (Annes Freundin)
- Sketch 2: Jenny, Julia
- Sketch 3: Philipp;
  - Clique 1: Jenny, Anne, Andy;
  - Clique 2: Steffen, Julia, Sven

Das Spiel

Sketch 1 – Liebe, ein Wagnis

Im Kaufhaus; Steffen steht an der Kasse, Anne steht hinter ihm; als er sich umdreht, rempelt er sie versehentlich an. Ihre Einkäufe fallen runter.

Steffen: Oh, Entschuldigung. Warte, ich helfe dir, alles wieder einzusammeln.

Anne: Du meine Güte, was für ein Chaos …

Steffen: Entspann dich – das kriegen wir hin. So … *(legt die Einkäufe aufs Band).* Wie sieht's aus? Trinken wir was auf den Schrecken?

Anne: *(sieht ihn etwas genauer an)* Na gut, warum nicht?

In einer Kneipe; Anne setzt sich, Steffen besorgt Getränke. Stellt ein Glas vor Anne und setzt sich.

Steffen: Also nochmals: sorry. Ich hab dich einfach nicht gesehen.

Anne: *(neckend)* Nicht gesehen, soso – das gibt mir aber zu denken!

Steffen: (bemüht) Nein, nein, so war das nicht gemeint! Ehrlich – wenn ich dich jetzt so anschaue … *(sieht ihr in die Augen):* Wo hatte ich nur meine Augen?

Anne: *(lacht)* Entspann dich! *(hält ihm ihre Hand hin)* Anne-Marie Wehling, Anne reicht.

Steffen: *(schüttelt ihre Hand)* Steffen Stockmann, Steffen reicht.

Drei Runden Cola später

Anne: Oh, schade … Ich muss los. Ich bin verabredet.

Steffen: Mit deinem Freund?

Anne: *(schüttelt den Kopf)* Meine Mutter! – Braucht meinen Rat beim Gardinenkaufen.

Steffen: Sehen wir uns wieder?

Anne: *(lacht)* Kannst mich ja mal wieder anrempeln!

Zu Hause; Anne geht in ihrem Zimmer auf und ab, Handy in der Hand.

Anne: Steffen, Steffen, Steffen … Er geht mir einfach nicht mehr aus dem Kopf. Ich muss dich wiedersehen. Aber irgendwie trau ich mich nicht. … *(halbe Drehung)* Der hat mich längst vergessen. Vielleicht macht er das öfter – Mädchen anrempeln. Blöde Anmache, sonst nichts. … *(halbe Drehung)* Aber andererseits – es hat sich nicht so angefühlt. Es hat sich – gut – angefühlt. So entspannt, so – gut! … *(bleibt stehen; zur Gemeinde)* Und er hat gefragt, ob wir uns wiedersehen. Aber wie denn? Wo? *(wählt eine Nummer)*

Anne telefoniert mit ihrer Freundin Jenny.

Anne: Hi, Jenny: Sag mal: Steffen Stockmann – sagt dir der Name was?

Jenny: Steffen? Nie gehört!

Anne: Schade …

Jenny: Ach ja? Hab ich vielleicht was verpasst?

Anne: *(traurig)* Ich hätt ihn bloß gern angerufen.

Jenny: Ich sag nur: Internet.

Anne: Drück mir die Daumen!

Anne legt auf; geht zum PC. Da klingelt die Türglocke. Anne geht zur Tür. Öffnet …

Anne: Du!?

Steffen: Hallo, Anne …

Anne: Du?????!!!!!!

Steffen: Entspann dich …

Anne: Ist ja irre! Ich wollte … ich dachte … ich such dich …

Steffen: *(lacht)* Und ich stehe einfach vor der Tür.

Anne: Wie hast du mich gefunden?

Steffen: Internet. Du bist mir einfach nicht aus dem Kopf gegangen.

Anne: Du mir auch nicht. Ich musste die ganze Zeit an dich denken.

Steffen: Hast du Lust auf Kino?

Anne: Gern. – Wahnsinn! Du hast mich gesucht … und du hast es gewagt!

Steffen: Und dich gefunden. Weißt du was, Anne? Dich übersehe ich bestimmt nie wieder!

Sketch 2 – Party oder Abschluss

Jenny und Julia sitzen am Schreibtisch und büffeln.

Julia: *(knallt ihr Buch zu)* Verdammt noch mal! Ich hab keinen Bock mehr! Scheiß Schule!

Jenny: Was ist denn jetzt kaputt?

Julia: Ach, ich hab so keinen Bock mehr! Es ist Freitag Abend um neun. Alle anderen gehen jetzt weg. Nur ich sitze hier und lerne!

Jenny: Du hast vergessen, dass ich auch noch da bin.

Julia: Ja, du. Du bist ja auch nicht der Typ, der in Discos oder auf Partys geht.

Jenny: Ne, wirklich nicht ... – Mal ganz davon abgesehen: Du musst jetzt unbedingt durchhalten. Du kannst dir keine schlechte Note mehr leisten. Aber das weißt du ja selbst.

Julia: Das schaffe ich doch sowieso nicht! Ich bin eine totale Null. Und wenn ich sowieso von der Schule fliege, dann kann ich jetzt auch tanzen gehen.

Jenny: Natürlich schaffst du das! Du musst dich nur richtig reinknien.

Julia: Und? Warum sollte ich das tun?

Jenny: Wenn du das nicht selbst weißt ...

Julia: Nö, keine Ahnung ... *(denkt nach, träumerisch)* Klar, ich wollte schon gern studieren ... Jura, weißt du? *(schüttelt den Kopf)* Ach, alberne Träume! Ich und Jura studieren – sogar meine Eltern lachen darüber!

Jenny: Dann zeig's ihnen, Julia! Zeig's ihnen allen!

Julia: (schlägt das Buch wieder auf) Also gut ...

Jenny: Weißt du was? Wir fangen morgen Früh noch einmal ganz neu an. Und jetzt, Julia – gehen wir tanzen!

Julia: WIR? – Du meinst, du willst es wagen ...?

Jenny: Wenn du die Schule weiter wagst, wag ich mich mal nach draußen!

Einige Jahre später.

Julia: Ich hab's geschafft! Ich hab mein ABI!!!! Jetzt wird STUDIERT! Achtung, Achtung, an alle zukünftigen Schwerverbrecher: Hier kommt die Richterin von morgen!!!

Sketch 3 – Zwischen den Fronten

Zwei Cliquen stehen verteilt im Raum; Philip geht von einer zur anderen.

Philip: Hey, ihr. Ich bin Philip. Ich bin neu hier und suche jemanden, der mir die Gegend zeigt und so.

Jenny: Da bist du bei uns genau an der richtigen Adresse: Ich bin Jenny. Das sind Andy und Anne. Wenn du zu uns dazu gehören willst, musst du eine Regel beachten: Du darfst nichts mit den anderen zu tun haben.

Philip: Die anderen?

Anne: Die da drüben. Das ist die Clique von Steffen und Co. Wir sind absolute Feinde.

Andy: Du gehörst entweder zu uns oder zu denen. Beides geht nicht.

Philip: Warum das denn?

Jenny: Frag nicht, es ist einfach so.

Philip: Okay. Was macht eure Clique denn so aus?

Andy: Wir sind absolute Natur- und Tierschützer.

Jenny: Wer ein Tier quält, wird von uns so lange selbst gequält, bis er es endgültig sein lässt.

Anne: Partys sind bei uns absolut unten durch. Nur Demos sind okay.

Philip: Das ist ja cool. Genau solche Leute habe ich gesucht. Darf ich mich anschließen?

Jenny: Klar. Wir treffen uns morgen nach der Schule.

Philip: Okay. Bis dann.

Philip geht weiter.

Steffen: He, du, komm mal her.

Philip: Ich? Was gibt's?

Steffen: Du bist wohl neu hier. Du willst doch nicht wirklich zu denen gehören?

Julia: Das sind die totalen Ökos. Naturschutz und so'n Gequatsche.

Sven: Das interessiert dich doch nicht wirklich, oder?

Philip: Absolut nicht. Aber ich kannte sie ja nicht.

Steffen: Schon klar. Möchtest du dich vielleicht lieber uns anschließen? Wir können dir auch Besseres bieten als Demos und Tiere retten.

Julia: Stimmt. Wir sind eher die Partygänger. Und da, wo wir hingehen, kennt uns jeder.

Steffen: Keiner würde sich je trauen, dir was anzutun, wenn er weiß, dass du zu uns gehörst.

Julia: Und ganz wichtig: Wir haben UNSERE Meinung. Was andere denken, ist uns egal. Aber die Clique hält zusammen, egal, was kommt!

Sven: Stimmt, denn nur gemeinsam sind wir stark. Der Einzelne kann doch heutzutage nichts mehr ausrichten.
Philip: Da hast du recht. Früher haben mich immer alle gehänselt und verprügelt.
Steffen: Das wird es hier nicht geben. Wir werden dir schon den nötigen Respekt verschaffen.
Philip: Das hört sich super an. Und wann trefft ihr euch so?
Julia: Immer mal wieder. Wir geben dir rechtzeitig Bescheid.
Philip: Geht klar. Bis dann.

Philip geht weiter; die erste Clique stellt sich ihm in den Weg.

Jenny: Wie lauteten unsere Abmachungen?
Anne: Kein Kontakt zu den anderen!
Andy: Du bist ja ein richtiger Verräter! Was machen wir denn da?

Die zweite Clique taucht hinter Philip auf.

Julia: Lasst die Finger von ihm. Er gehört zu uns!
Steffen: Und steht unter unserem Schutz!
Jenny: Ach ja? Vorhin hat er noch gesagt, er gehört zu uns.
Sven: Er will mit euch nichts zu tun haben. Ihr Ökos!
Andy: Ihr, ihr …! – Er gehört zu uns!

Alle rufen durcheinander: „Zu uns!"

Philip: Stopp! Ich gehöre zu keinem von euch! Ich bin ein Individuum, ein einzelner Mensch! Kein Eigentum!
Julia: Sag das noch mal!
Jenny: Aber wir dachten …
Philip: Ja, dachtet ihr vielleicht. Aber eigentlich interessiere ich mich weder für Demos noch für Partys.
Anne: Sondern?
Philip: Nun ja. Ich gehe eigentlich schon gern auf Partys oder setze mich für Tiere ein, aber doch nicht so radikal. Und ich hasse Cliquen.
Steffen: Und warum?
Philip: Cliquen haben einen Anführer, alle anderen müssen ihm gehorchen. Cliquen bekämpfen sich gegenseitig. Aber wir sollen doch den anderen achten und unsere eigene Persönlichkeit werden.

Andy: Wo steht das denn?

Philip: Gott hat das gesagt.

Jenny: Du interessierst dich für Gott?

Julia: Warum nicht? Das tu ich auch! Ich habe sogar mal bei der Kinderkirche mitgemacht.

Steffen: Davon hast du nie was gesagt.

Julia: Ich dachte, ihr würdet mich nicht mehr akzeptieren.

Andy: Wenn wir schon dabei sind. Ich hasse Demos.

Philip: Das ist ja witzig. Ihr bildet Cliquen und interessiert euch eigentlich gar nicht für eure Aktivitäten?! Ihr habt ja alle dasselbe Problem wie ich. Hauptsache dazugehören!

Steffen: Stimmt. Eigentlich Blödsinn.

Jenny: Was meint ihr, sollen wir es nicht alle mal gemeinsam probieren?

Gedanken zum Spiel und zum Bibeltext Lk 5,1–11

Jesus sucht sich Freunde. Am See Genesaret borgt er sich ein Fischerboot, um vom Wasser aus zu der Menge zu predigen. Seine Worte geben offenbar auch den Fischern zu denken, denn als er sie dann – ganz unsinnig, denn man fischt nicht bei Tageslicht – auffordert, ihre Netze noch einmal auszuwerfen, tun sie's. Sie haben erkannt, dass Jesus ihr Begreifen übersteigt, dass da mehr ist in seinen Worten als „Schall und Rauch". Sie tun, was er sagt, und sie fangen so viel, dass die Netze fast reißen. So ein Wunder macht Angst. Aber Jesus macht Mut. „Fischen könnt ihr. Und ihr könnt noch mehr. Kommt mit. Von heute an kümmert ihr euch um Menschen." Und sie gehen mit. Hat Jesus sie gesucht? Sie – gerade sie? Und wagt es, sich auf sie einzulassen? Oder ist es genau anders herum? Haben sie Jesus gesucht? Eine Chance, neu anzufangen? Und wagen es jetzt, zuzugreifen?

21 Leben – Aber wie?

Exodus (2 Mose) 16,21–26

Thema

Wir stehen morgens auf, waschen uns, putzen uns die Zähne, ziehen uns an, essen etwas, gehen zur Schule, gehen danach nach Hause / zur Arbeit, essen wieder etwas, gucken ein wenig Fernsehen und gehen anschließend ins Bett. – Ein Tag in seinen gröbsten Zügen. So, wie er für viele von uns regelmäßig aussieht. Es soll kein Zweifel bestehen, dass Arbeit und Schule, Nahrungsaufnahme und Körperhygiene sein müssen. Aber was wir sonst aus unserem Tag machen, das liegt bei uns. Haben wir eine Familie, mit der wir gern Zeit verbringen, Freunde, die wir treffen, oder Hobbys, denen wir nachgehen wollen? Jeder kann sich seinen Tag individuell gestalten. Bis zu einem gewissen Punkt. Denn ein Tag hat nun mal nur 24 Stunden, eine Woche nur sieben Tage und auch ein Leben ist begrenzt. Da ist es wichtig, die sich immer schneller drehende Uhr anzuhalten, gezielt auszusteigen aus der Hektik, bewusst „Nein" zu sagen.

Nur wer die Möglichkeit besitzt, Dinge <u>nicht</u> zu tun, ist wirklich frei. Jesus selbst verbrachte viel Zeit für sich allein, nachzudenken über Gottes Wort. Bedeutende Entscheidungen traf er stets allein, nachdem er in der Stille darüber nachgedacht hat. Seinem Beispiel sollen wir folgen und uns Zeit nehmen für uns und dafür, Gedanken und Entscheidungen bewusst und in Ruhe zu treffen, damit wir unser Leben selbst bestimmen und nicht umgekehrt.

Rollen

- Ein/e Sprecher/in, fünf Mitspieler/innen

Das Spiel

Sketch 1: Rollenspiel

Sprecher: Wir stehen morgens auf, waschen uns, putzen uns die Zähne, ziehen uns an, essen etwas, gehen zur Schule, gehen danach nach Hause, essen wieder etwas, gucken ein wenig Fernsehen und gehen anschließend ins Bett. Wir stehen morgens auf …

Mitspieler 1: He, Moment mal, ich hab keine Lust mehr, ich will auch mal Zeit mit meiner Familie verbringen.

Sprecher: Gut, wenn du meinst! – Wir stehen morgens ein paar Minuten früher auf, waschen uns, putzen uns die Zähne, ziehen uns an, frühstücken gemeinsam mit der Mutter, nehmen die kleine Schwester mit zur Schule, gehen nach der Schule nach Hause, holen den kleinen Bruder aus dem Kindergarten, essen gemeinsam mit der Familie, machen einen gemütlichen Fernsehabend und gehen anschließend ins Bett. – Wir stehen morgens auf …

Mitspieler 2: He, Moment mal, ich will doch auch lernen, selbstständig zu sein!

Sprecher: Nun gut, wenn du das möchtest, gern: Wir stehen morgens etwas früher auf, waschen uns, putzen uns die Zähne, frühstücken mit der Mutter, gehen mit der Schwester zur Schule, nach der Schule tragen wir Zeitungen aus, um selbst etwas Geld zu verdienen, essen abends gemeinsam mit der Familie, machen einen gemütlichen Familienabend und gehen anschließend ins Bett. – Wir stehen morgens auf …

Mitspieler 3: Halt, stopp mal. Nur Familie und Selbstständigkeit machen doch kein Leben. Ich möchte auch mal meine Freunde treffen.

Sprecher: Wie du willst: Wir stehen morgens etwas früher auf, waschen uns, putzen uns die Zähne, ziehen uns an, frühstücken mit der Mutter, gehen mit der kleinen Schwester zur Schule, gehen nach der Schule gemeinsam mit einem Freund Zeitungen austragen, essen gemeinsam mit den Eltern, verabreden uns mit unseren Freunden fürs Wochenende zum Musikhören oder einfach mal Quatschen, verbringen den Abend mit der Familie und gehen nach einem gemütlichen Spieleabend ins Bett. – Wir stehen morgens auf …

Mitspieler 4: He, Moment, ich treffe mich jetzt zwar mit meinen Freunden, aber ich möchte auch eine richtige Beziehung führen.

Sprecher: Okay: Wir stehen morgens etwas früher auf, waschen uns, putzen uns die Zähne, ziehen uns an, frühstücken gemeinsam mit der Mutter, gehen mit der kleinen Schwester zur Schule, laden die Freundin zum Abendessen zu uns nach

Hause ein, gehen nach der Schule mit einem Freund Zeitungen austragen, verabreden uns fürs Wochenende zum Videoabend mit den Freunden, essen gemeinsam mit der Familie, machen dann einen romantischen Abendspaziergang mit der Freundin und gehen anschließend ins Bett. – Wir stehen morgens auf...

Mitspieler 5: Das ist ja alles schön und gut, aber ich brauche auch Zeit für mich selbst!

Sprecher: Na gut, dann machen wir das anders: Wir stehen morgens etwas früher auf, waschen uns, putzen uns die Zähne, ziehen uns an, frühstücken gemeinsam mit der Mutter, nehmen die kleine Schwester mit zur Schule, holen den kleinen Bruder von der Schule, wenn die Mutter nicht kann, gehen zweimal in der Woche mit einem Freund Zeitungen austragen, verabreden uns fürs Wochenende mit den Freunden, essen gemeinsam mit den Eltern, machen mit der Freundin einen romantischen Abendspaziergang und pflegen unsere Beziehung – und wenn uns alles zu viel wird, nehmen wir uns Zeit für uns selbst: zum Lesen, Musik hören oder Nichtstun. – Wäre das ein Vorschlag?

Gedanken zum Spiel und zum Bibeltext Ex (2 Mose) 21–26

Der Weg durch die Wüste. Keine einfache Angelegenheit. Auch wenn er ins Gelobte Land führt. Wo Milch und Honig fließt. Bis man da ist, vergeht viel Zeit. Das kostet Kraft. Das macht hungrig und durstig. Hin und wieder bleibt man stehen. Schaut sich um. War es am Anfang nicht besser? Warum sind wir losgegangen? Und dann nur noch Überdruss und Angst. Hunger und Durst. Aber da ist ja noch Mose, Mose mit seinem Draht zu Gott. „Herr, sie müssen essen und trinken ..." Und es geschieht. Brot fällt vom Himmel, Himmelsbrot, genug für einen Tag. „Gott sei Dank!" Und sie sammeln, sammeln und essen und leben. Und so geht es weiter, Tag für Tag. Tag für Tag? Schon wieder eine Mühsal mehr? Und das Wunder, das Wunder verschwindet in der Routine ... Am sechsten Tag sammelt ihr doppelt, sagt Mose ihnen. Denn am siebten Tag – am siebten Tag schenkt euch Gott etwas anderes: Am siebten Tag schenkt er euch Ruhe.

22 Sehnsucht und Sucht

Joh 4,13–14

Thema

Das ist jetzt ziemlich krass, was wir uns da entschlossen haben zu spielen. Aber das Thema ist uns wichtig und treibt uns um: Dass Jugendliche um uns herum rauchen, zu viel trinken, Drogen nehmen, scheint ja manchem beinahe selbstverständlich. Vielleicht, denkt man manchmal, muss es erst wieder Tote geben, damit die Leute aufwachen. Wir haben unser ganzes Leben noch vor uns – müssen wir da nicht achtsam sein?

In der Bibel finden wir Geschichten von Umkehr. Egal, wie viel wir im Leben falsch machen, wir sind nicht gezwungen, immer so weiterzumachen. Wir dürfen neu anfangen. Gott hilft uns dabei. Er gibt uns immer eine zweite Chance – und so viele, wie wir brauchen.

Rollen

- Clique: ca. acht Jugendliche (Julia, Benni, Kristina, Daniela, Trine, Sven, Jessy; für Sketch 2: Sören)

Das Spiel

Sketch 1: Alkohol, Drogen, Spielsucht

Clique sitzt zusammen, trinken, rauchen,...

Julia: Ist in der Sangria-Flasche noch was drin? Ich hab so einen Durst heut.

Benni: Trink net so viel. Lass mir lieber auch was übrig.

Kristina: Wo ist denn Sören heute? Der ist doch sonst der Erste.

Daniela: Ach, mein Bruderherz kannst du grad total vergessen. Seit der sein neues Spiel zum Geburtstag bekommen hat, kommt der nicht mehr vom Computer weg.

Trine: Meinst du, er ist spielsüchtig?

Daniela: So was haben meine Eltern auch schon vermutet. Sie haben ihm sogar schon mit Computerverbot gedroht.

Julia: Ach, das zieht doch heute sowieso nicht mehr. Dann hängt er halt vorm Fernseher rum oder vorm Gameboy.

Sven: Hey, meint ihr nicht, dass ihr langsam genug getrunken habt? Ihr seid ja schon völlig blau.

Kristina: Ach was, ich weiß doch, wo meine Grenzen sind. *(Rennt um die Ecke und übergibt sich)*

Benni: Nimm lieber mal was von dem Zeug hier. Des ist voll geil. Volle Dröhnung.

Julia: Hey, Jessy, Jessy ... Die kriegt gar nix mit ... Jessy!

Jessy sitzt am Spielautomaten.

Jessy: Hey, jetzt hab ich nicht aufgepasst. Na toll. Game-over. Das wär ein neuer Rekord geworden! Danke!

Julia: Tut mir leid, ich wollt nur mal wissen, wie es deiner Schwester so geht.

Trine: He, schaut mal, Mario! *(Mario liegt regungslos da)*

Sven: He, Kumpel, was ist los?

Daniela: Der pennt nur.

Trine: Meinst du?

Kristina: Klar, der hält doch nichts aus.

Julia: Vielleicht ist es besser, wenn wir alle nach Hause gehen. Schließlich ist morgen auch noch ein Tag.

Daniela: Gute Idee. Dann werde ich mal sehen, ob mein Bruder ansprechbar ist.

Jessy: Frag ihn doch, ob er das nächste Mal nicht wieder mitkommen will. Es war irgendwie langweilig ohne ihn.

Sven: Wir holen euch beide einfach das nächste Mal ab. Wir können ihn bestimmt dazu bewegen, sich von seinem Computerspiel zu trennen.

Trine: Nicht, dass er noch wirklich abhängig wird.

Benni: Gut, dann kommen wir bei euch vorbei. Hilft mir noch jemand, Mario heimzutragen?

Sketch 2: Etwas später

Julia: Scheiße, scheiße, scheiße!

Benni: Das kannst du laut sagen. Armer Mario.

Trine: Hätten wir nur früher geschnallt, dass er ohnmächtig ist.

Sven: Ja. Nicht erst hinterher. Als es zu spät war.

Kristina: Das war der schlimmste Moment meines Lebens, als meine Mutter in mein Zimmer kam und mir sagte, dass Mario tot ist. Überdosis Drogen und Alkohol.

Jessy: Warum waren wir auch so bekloppt! Immer nur saufen und kiffen. Das ist doch kein Leben.

Julia: Echt nicht! Was haben wir je zusammen unternommen? Nichts! Gar nichts!

Sören: Ich könnte heulen. Ich war sein bester Freund und nicht da. Dieses doofe Computerspiel. Jedes Mal, wenn ich es jetzt spielen will, muss ich an Mario denken.

Daniela: Du kannst nichts dafür. Wir hätten besser aufpassen müssen. Er war der Jüngste von uns.

Jessy: Ich kann echt nicht mehr. Jeden Abend bin ich nur noch am Heulen.

Benni: Ich muss jedes Mal kotzen, wenn mich auch nur einer fragt, ob ich ne Zigarette will.

Kristina: Geht mir genauso. Trotzdem sollten wir uns vielleicht jemanden suchen, der uns helfen kann.

Julia: Gute Idee. So wie wir drauf sind, haben wir wohl nirgends eine Chance.

Trine: Wir sollten einfach mehr zusammen machen, zum Beispiel Kino oder Konzert.

Sven: Wir müssen einfach noch mal neu anfangen. Seit ich keinen Alkohol mehr kaufe, reicht mein Taschengeld auch für andere Sachen.

Benni: Ich hab schon überlegt, ob wir nicht nen Artikel schreiben sollen. Für alle anderen, denen es so dreckig geht wie uns. Zur Warnung und Abschreckung.

Daniela: Gute Idee. Damit keiner in die Scheiße reingerät, in der wir jetzt stecken.

Sören: Und nicht noch mehr Leute ihren besten Freund verlieren.

Julia: Abgemacht?

Alle: Abgemacht!

Gedanken zum Spiel und zum Bibeltext Joh 4,13–14

Was brauchen wir wirklich zum Leben, zu einem erfüllten Leben? Goldesel, Tischlein-deck-dich und Knüppel-aus-dem-Sack? Wie im Märchen? Oder, aus einem moderneren Märchenbuch: Schwert, Heilmittel, Tarnumhang? Was Jesus anzubieten hat, in seiner Begegnung mit der Frau am Brunnen, ist nicht leicht zu verstehen. Er selbst hat Durst. Damit fängt es an. Die Frau wagt es kaum, ihm Wasser zu geben. Denn sie ist eine Fremde. Da bietet Jesus seinerseits ihr Wasser an. Und er sieht ihr dabei in die Augen. Und bis in die Seele. „Was ist das für ein Wasser, das du mir anbietest?", fragt sie. „Du wirst nie wieder durstig sein", sagt Jesus. Und irgendwie spürt sie – er meint nicht ihren Durst nach Wasser. Er meint diesen anderen Durst, diesen Durst, diese unstillbare Sehnsucht nach wahrem Leben …

23 Glück haben – Glücklich sein?

Psalm 1,3

Thema

„Mal wieder Glück gehabt!" Fast täglich sagen wir das so. Wenn wir eine Klassenarbeit bestanden haben, obwohl wir nicht gelernt haben, wenn wir gerade noch so einen Unterstand gefunden haben, bevor es regnet, wenn das, was ein Vogel fallen lässt, nicht auf uns landet, sondern vor unseren Füßen, wenn wir im Schlussverkauf das letzte Produkt aus dem Regal nehmen, wenn wir im Lotto gewinnen und in vielen anderen Situationen. Doch dieses Glück währt meistens nur so lange, wie es dauert, den Satz auszusprechen. Denn im nächsten Moment sind wir mit den Gedanken wieder ganz woanders. „Glück haben" macht nicht lange glücklich. Dazu brauchen wir tieferes, wahreres Glück. Und was das ist, das weiß jeder selbst am besten.

Rollen

- Bis zu acht Jugendliche (Juli, Trine, Dome, Philipp, Julian, Kristina, Julia, Benny)
- Church Shouting: sieben Jugendliche

Das Spiel

Sketch 1: Glück haben

Juli: Wie fandet ihr Mathe heute?

Trine: War mal wieder sauschwer. Der Typ hat echt nen Vogel.

Dome: Ich fand's gar nicht so schlimm …

Philipp: Du hast ja auch bei mir abgeschrieben.

Julian: Bis er dich mal erwischt. Dann siehst du alt aus.

Dome: Ach, was. Man muss nur Glück haben!

Kristina: Apropos Glück: Ich hab meinen Geldbeutel übrigens wiedergefunden.

Julia: Und? Total ausgeräumt, oder?

Kristina: Nee, gar nicht. Alles noch da. Papiere, Ausweis – und kein Cent fehlt.

Benny: Da hast du aber wirklich Glück gehabt.

Julia: Wo ist denn eigentlich Jonas heute?

Trine: Ach ja, der kommt heut nicht. Der hat jetzt ne Freundin.

Dome: Oho! Pech im Spiel – Glück in der Liebe!

Philipp: Warum Pech im Spiel?

Julian: Weil er letzte Woche Lotto gespielt hat und sechs Richtige hatte.

Philipp: Das ist doch aber das megamäßige Glück!

Benny: Aber nicht, wenn man vergisst, den Lottoschein abzugeben.

Trine: Is nicht wahr, oder?

Julian: Leider doch.

Kristina: Ach, da fällt mir ein: Habt ihr das mit dem Unfall letzte Woche mitbekommen?

Trine: Du meinst, diesen schweren Autounfall?

Kristina: Genau der. Der Fahrer hat bei uns in der Straße gewohnt.

Philipp: Ist der nicht noch recht jung gewesen?

Benny: Ja. 25 oder so. War verheiratet und seine Frau ist hochschwanger.

Julia: Oh mein Gott! Die Arme.

Dome: Warum redet ihr eigentlich in der Vergangenheit? Der Typ lebt doch noch!

Julian: Ja? Ich dachte, er war sofort tot?

Juli: So wie der sein Auto um den Baum gewickelt hat, wär das auch kein Wunder gewesen.

Dome: Nein. Er ist bloß schwer verletzt. Gestern haben sie ihn aus dem künstlichen Koma geholt.

Trine: Mann o Mann. Der muss ja einen wahnsinnigen Schutzengel gehabt haben.

Philipp: Ja, da gehört schon ne ordentliche Portion Glück dazu, um so einen Unfall zu überleben.

Kristina: Schon so spät? Sorry, Leute, aber ich muss los! Wir sehen uns morgen.

Dome: Warum hat sie es denn so eilig?

Juli: Ihre Mutter ist grad in ner schwierigen Phase. Sie muss früh daheim sein, im Haushalt helfen und darf nur noch am Wochenende weggehen und so.

Julia: Warum das denn? Langsam ist sie ja wohl alt genug, oder?

Philipp: Eigentlich ja, aber bei denen blickt grad keiner mehr richtig durch.

Julian: Seit sich ihre Eltern getrennt haben, hat sie es nicht leicht daheim.

Benny: Ich glaub, wir sind grad so die einzigen, mit denen sie wirklich über ihre Probleme reden kann.

Juli: Es geht halt nichts über echte Freunde. Da hat sie schon echt Glück mit uns.

Trine: Da haben wir ja echt Glück mit unseren Eltern. Die sind richtig tolerant.

Julia: Das stimmt. Wir dürfen uns nicht beklagen.

Dome: Ich glaub, wir haben alle ziemlich Glück mit unseren Eltern und den Verhältnissen, in denen wir so leben.

Sketch 2: Church-Shouting

Juli: Bestimmung gefunden haben – Freiheit – Akzeptanz

Julia: Sonne – Natur – Leben

Trine: Geliebt und gebraucht werden – Ausgeglichenheit – lachen

Kristina: Freundschaft – finanzielle Sicherheit – Selbstverwirklichung

Benny: Gleichheit – Sport – Anerkennung

Dome: Stille – Erfolg – Toleranz

Philipp: Sorglosigkeit – Familie – Gesundheit

Gedanken zum Spiel und zum Bibeltext Psalm 1,3

Wie ein Baum sein, der an Wasserbächen gepflanzt ist, der zur rechten Zeit seine Frucht bringt und dessen Blätter nicht welken – malen wir uns das aus – ist das nicht ein wunderbares Bild für Glück?

24 Leben braucht Liebe

1 Kor 13,13

Thema

Die Liebe existiert in den verschiedensten Formen. Die Griechen haben dafür mehrere verschiedene Wörter:

„Eros" – die körperliche Liebe. Eine Liebe, die Früchte tragen soll: „Seid fruchtbar und vermehret euch", heißt es in der Bibel. „Eros" ist das, was wir weitläufig unter Liebe verstehen. Eine intime Verbindung zwischen zweien.

„Agape" – die Nächstenliebe. Im fünften Gebot heißt es: „Liebe deinen Nächsten wie dich selbst." Das hat nichts mit körperlicher Liebe zu tun, sondern weist auf die Art und Weise hin, wie wir miteinander umgehen sollen: offen und hilfsbereit, freundlich und entgegenkommend. So wie wir uns wünschen, dass man uns begegnet.

„Filia" – die Freundschaft. Auch sie ist eine Form der Liebe. Sie geht über die Nächstenliebe hinaus. Im Johannesevangelium heißt es: „Eine größere Liebe hat niemand als die, dass er sein Leben für seine Freunde hingibt." So wie Jesus Christus, unser Freund, sein Leben für uns hingegeben hat.

Dadurch wird nicht nur die Liebe Gottes zu uns Menschen offenbar, sondern sie zeigt uns auch, wie wichtig es ist, diese Liebe an andere Menschen weiter zu geben, anderen Menschen zu zeigen, dass sie geliebt sind, dass sich jemand um sie kümmert und für sie da ist. Liebe macht das Leben lebenswert.

Rollen

- 1: Sanja, Franzi; 2: Dome, David; 3: Mutter, Vater, Dome, Julia; 4: acht Jugendliche

Das Spiel

Sketch 1: Verliebt sein – ein Gespräch unter Freundinnen

Franzi: Ach, was ist das Leben schön!

Sanja: Was ist denn mit dir los? Hast du im Lotto gewonnen?

Franzi: Nein … viel besser!

Sanja: O mein Gott! Nimm mal die Brille ab!

Franzi: Was?

Sanja: Na diese rosarote Brille, die du auf der Nase hast. Du bist ja voll verknallt!

Franzi: Verliebt! Es ist Liebe!

Sanja: Das ist doch das gleiche. Na komm, erzähl mal von deiner großen Liebe.

Franzi: Er heißt Tom. Und er ist der wundervollste Mann auf der Welt. Er sieht gut aus, er ist sportlich, und er riecht so gut.

Sanja: Tom? Der aus der Parallelklasse? Der sieht doch nicht gut aus? Und ich glaub, der weiß auch nicht, was Sport ist – auch wenn er so riecht.

Franzi: Doch nicht der! Tom spielt in der Fußballmannschaft meines Bruders.

Sanja: Dann ist der ja gut vier Jahre älter als du!

Franzi: 3 Jahre und 10 Monate.

Sanja: Der ist doch viel zu alt für dich! Wenn der was mit dir anfängt, kann er ja in den Knast kommen!

Franzi: Ach, die paar Monate, bis ich sechzehn bin.

Sanja: Pass bloß auf dich auf! Der will dich bestimmt nur flach legen.

Franzi: Ach Quatsch. Er ist so ein süßer Kerl. Und er versteht das.

Sanja: Ihr seid schon zusammen?

Franzi: Nein. Aber bestimmt bald. Aber er schaut mich immer so an. Und nach jedem Spiel kommt er an die Bande und wirft mir Kusshändchen zu.

Sanja: Kann es sein, dass dir gerade so ein bisschen der Blick für die Realität fehlt? Er wirft nicht dir Kusshändchen zu, sondern seinen Fans auf der Tribüne.

Franzi: Nein, er wirft mir Kusshändchen zu. Ich stehe immer in der ersten Reihe.

Sanja: Ich wette, er kennt noch nicht mal deinen Namen.

Franzi: Tut er wohl!

Sanja: Hey, ist ja gut! Ich will mich nicht mit dir streiten. Du bist meine beste Freundin und ich will nicht, dass du von irgendeinem Typen verletzt wirst, okay.

Franzi: Okay. Danke. Aber er ist wirklich süß.

Sanja: Tu was du für richtig hältst, aber pass auf dich auf ja? Und wenn du mich brauchst: ich bin immer für dich da.

Sketch 2 – Männerfreundschaft

Dome und David sitzen da und schweigen sich an.

David: Ich schmeiß am Samstag ne Party bei uns im Garten. Hast du Lust zu kommen?

Dome: Ja klar, gern. Soll ich was mitbringen?

David: Nur was zum Grillen. Den Rest organisier ich.

Dome: Cool.

Dome: Brauchst du Hilfe beim Vorbereiten?

David: Wenn du kannst, das wär cool.

Dome: Klar, Mann.

Beide schweigen.

Dome: Also bis Samstag.

David: Ja war cool, dass du da warst.

Dome: Jo, gern.

Sketch 3: Gespräch beim Abendessen

Dome: Freitag Abend ist ne Party im Jugendhaus. Darf ich da hin?

Mutter: Ne Party? Zu welchem Anlass?

Dome: Weiß ich gar nicht. Ich glaub einfach so.

Mutter: Na, von mir aus.

Vater: Aber denk dran, du bist noch keine sechzehn. Demnach auch kein Alkohol!

Dome: Gar keinen? Ein Bier …?

Vater: Gar keinen!

Mutter: Du kannst gern mal ein Bier zum Abendessen trinken, wie dein Vater. Aber bitte nicht auf irgendwelchen Partys.

Dome: Na gut …

Julia: Mama, darf ich dann am Freitag mit meinen Freundinnen weggehen?

Mutter: Was habt ihr denn vor?

Julia: Wissen wir noch nicht. Wir treffen uns bei Sarah und dann sehen wir weiter.

Vater: Ich denke nicht, dass das gut ist.

Mutter: Du bist noch ein bisschen zu jung, um um die Häuser zu ziehen.

Julia: Aber Mama, ich bin dreizehn!

Mutter: Eben. Da will ich dich nicht auf irgendwelchen dubiosen Partys wissen.

Julia: Aber mein Bruder darf auch weg. Das ist ungerecht.

Vater: Er ist auch schon etwas älter als du.

Julia: Na und?

Vater: Nichts na und. Du bleibst da und damit basta.

Julia: Ihr seid so unfair. Ich werde immer behandelt, als wäre ich ein kleines Kind. Nie erlaubt ihr mir was. Ich darf nicht auf Partys und ich darf nie weg unter der Woche. Immer muss ich um zehn zu Hause sein. Andere Mädchen in meinem Alter haben Spaß und ich? Ich werde hier gefangen gehalten.

Vater: Na, jetzt übertreibst du aber ein bisschen.

Julia: Nein, tu ich nicht. Ich wette, alle meine Freundinnen dürfen mit, nur ich nicht.

Dome: Nur mit dem Unterschied, dass die ihre Eltern erst gar nicht fragen.

Julia: Ach, sei doch still.

Mutter: Die Eltern deiner Freunde wissen nicht, wo ihre Kinder sind? Und was sie tun? Und mit wem?

Julia: Sie vertrauen ihnen eben. Und das scheint ihr ja nicht zu tun.

Mutter: Aber, Schatz, das hat doch mit Vertrauen nichts zu tun. Ich würde mir wahnsinnige Sorgen um dich machen, wenn ich nicht wüsste, wo du bist.

Vater: Was ist, wenn dir was passiert?

Julia: Was soll schon passieren?

Vater: Wir brauchen das gar nicht zu diskutieren. Du bleibst da und damit basta.

Julia: Ihr seid so unfair!

Mutter: Aber, Schatz, siehst du nicht, dass wir das nur tun, weil wir dich lieben?

Sketch 4: Liebe zum Leben

Dome: Hey, Leute, habt ihr das von Alex gehört?

Juli: Nee, was denn?

Dome: Der hat gestern Abend versucht, sich umzubringen.

Franzi: Was?

Tamara: Wieso das denn?

Dome: Ich hab keine Ahnung.

Trine: Wie kaputt muss ein Mensch sein, um sich das Leben zu nehmen?

Benni: Wie kaputt ist das Leben, dass der Mensch es nicht mehr leben will?

Sanja: Dabei war er doch gar nicht auffällig in letzter Zeit, oder?

Philipp: Oder wir haben es nicht gesehen.

Julia: Aber so viel Schlimmes kann ihm doch nicht widerfahren sein …

Franzi: Mir würden da schon ein paar Dinge einfallen, die einem das Leben vermiesen.

Trine: Zum Beispiel?

Franzi: Trennung. Die Freundin meiner Mutter hätte sich fast in der Badewanne ertränkt, weil ihr Mann sich von ihr getrennt hat. Nachdem er sie mehrfach betrogen hat. Jetzt sitzt sie mit drei Kindern allein da.

Tamara: Ja das kann einem ganz schön den Lebensmut rauben.

Benni: Aber es ist doch kein Grund, sich das Leben zu nehmen. Es geht doch trotzdem irgendwie weiter.

Juli: Wozu hat man denn Familie und Freunde?

Philipp: Außerdem gibt's doch für so was professionelle Hilfe.

Dome: Aber wenn du keinen Sinn mehr in deinem Leben siehst?

Trine: Es gibt immer einen Sinn. Und es gibt immer etwas, für das es sich zu leben lohnt.

Tamara: Aber ein Leben ohne Liebe? Das geht doch nicht.

Benni: Liebe ist doch nicht nur die Liebe, wie wir sie verstehen. Liebe ist viel mehr.

Philipp: Die Griechen haben mehrere Worte für Liebe: eros – das ist die körperliche Liebe, filia – die Freundschaft und agape – die Nächstenliebe.

Juli: Die Griechen sind schlau. Wenn ihnen die eine Sorte Liebe fehlt, haben sie immer noch zwei andere.

Franzi: Und wir? Wenn eine Liebesbeziehung endet, denken wir, unser Leben ist vorbei!

Tamara: Aber es geht doch nicht nur darum, geliebt zu werden. Sondern auch darum, selbst zu lieben.

Dome: Wie denn, wenn dein Angebeteter soeben davon ist?

Tamara: Man kann doch auch seine Familie lieben und seine Freunde.

Trine: Oder die Natur und die Gegend, in der man wohnt.

Franzi: Seine Haustiere kann man auch lieben. Und die erwidern das sogar.

Juli: Und dann gibt es noch Gottes Liebe. Er liebt uns immer. Bedingungslos.

Benni: Letztendlich kommt es darauf an, was jeder einzelne aus seinem Leben macht.

Tamara: Und wie er liebt. Weil: Eins steht fest: Leben braucht Liebe.

Gedanken zum Spiel und zum Bibeltext 1 Kor 13,13

Immer wieder argumentieren Glaubenszweifler mit der Gottesfrage. „Wir können Gott nicht sehen; darum – tut mir leid – kann ich auch nicht an ihn glauben." Schlüssig? Andererseits: Das meiste, was wirklich zählt im Leben, was wirklich glücklich macht und uns ein Stück aus der eigenen Welt heraushebt, kann man nicht sehen. Man denke an Vertrauen, Treue, Hoffnung. Ja, und an die Liebe!

Stoff für unzählige Romane, Fernsehserien, Filme. Das Herz, ihr Zeichen: Wo ist es nicht überall drauf? Die Liebe – ob sie echt ist, falsch ist, ob sie hält oder vorbeigeht – oft genug zeigt die Erfahrung: Sie ist sogar stärker als der Tod.

Ist es eigentlich ein Wunder, dass ein Spitzensatz der Bibel lautet: Gott ist die Liebe!?

ADVENT – WEIHNACHTEN – KARFREITAG

25 Jugend – Das Licht der Welt

Matthäus 2,1–12

Thema

Es macht uns in der Gruppe manchmal große Freude, Bibeltexte auseinanderzunehmen und neu – modernisiert und interpretiert – wieder zusammenzusetzen. Auch mit dem Weihnachtstext von den Weisen aus dem Morgenland haben wir das gemacht. Im Gottesdienst wurde zunächst der Text im Wortlaut der Einheitsübersetzung der Bibel gelesen – dann haben wir der Gemeinde unsere Bearbeitung vorgestellt und präsentiert.

Rollen

- Bis zu sieben Jugendliche (Trine, Philipp, Kristina, Julia, Benni, Juli, Dome); SprecherIn

Das Spiel

Trine: Also gut. Benni, Dome, Juli, ihr seid die drei Weisen aus dem Morgenland.

Philipp: Prima, dann bin ich Herodes.

Kristina: Und wir?

Trine: Du und ich, wir sind die Engel – nein, wir sind die Gelehrten und Hohepriester.

Julia: Und ich erzähle die Geschichte: „Als Jesus zur Zeit des Königs Herodes in Betlehem in Judäa geboren worden war, kamen Sterndeuter aus dem Osten nach Jerusalem und fragten …"

Benni: Also, Sterndeuter sind doch total altmodisch. Das soll doch was Aktuelles werden.

Juli: Genau. Wir wollen das doch jugendgerecht umsetzen.

Julia: Also drei Jugendliche.

Dome: Und dann sag noch: von weither. Weil, wir sind ja nicht von „um die Ecke".

Julia: Also gut. Dann nehmen wir aber dem Herodes auch den König: „Als Jesus zur Zeit des Herodes in Betlehem in Judäa geboren worden war, kamen Jugendliche von weither nach Jerusalem und fragten: Wo ist der neugeborene König der Juden?"

Kristina: Könige sind einfach out. Und Jesus war auch kein richtiger König mit Krone und so.

Dome: Doch, mit Dornenkrone.

Trine: Das war zum Hohn. Jesus wäre heute wohl eher ein Superstar. – „Wo ist der neugeborene Superstar der Juden? Wir haben seinen Stern aufgehen sehen und sind gekommen, um ihm zu huldigen."

Julia: Und jetzt sagen wir, wir sind gekommen, um seine CDs zu kaufen, oder was?

Benni: Stimmt, das passt nicht.

Kristina: Wie wär's mit Messias? – „Wo ist der neugeborene Messias? Das Vorbild, nach dem alle leben sollen. Der perfekte Mensch. Wir sind unseren Träumen und Idealen gefolgt und sind gekommen, um wie er zu werden. – Als Herodes das hörte, erschrak er und mit ihm ganz Jerusalem. Er ließ alle Hohepriester und Schriftgelehrten des Volkes zusammenkommen und erkundigte sich bei ihnen, wo der Messias geboren werden solle."

Philipp: Hohepriester gibt's ja heut nicht mehr. Das waren wohl die damaligen Politiker. Und die Schriftgelehrten?

Trine: Ach, die übernehmen wir einfach. – „Er berief eine Konferenz aller Politiker und Schriftgelehrten des Landes ein und erkundigte sich bei ihnen, wo dieser Messias geboren werden solle. Sie antworteten ihm: In Betlehem in Judäa, denn so steht es bei den Propheten."

Juli: Daran dürfen wir nichts rütteln. Wir können aus den Propheten nicht Wahrsager oder so was machen.

Dome: Stimmt, das wäre nicht gut. Also übernehmen wir's wörtlich. Dann weiter im Text. – „Du, Betlehem im Gebiet von Juda, bist keineswegs die unbedeutendste unter den führenden Städten von Juda; denn aus dir wird ein Fürst hervorgehen, der Hirt meines Volkes Israel."

Trine: Das übernehmen wir auch. Schließlich ist das ein altes Zitat.

Philipp: Aber der ganze Text ist ein Zitat.

Benni: Aber das haben die damals schon zitiert. Und ob Jesus jetzt Fürst oder König oder Messias oder sonst wie genannt wird, ist egal. Das war damals schon metaphorisch gemeint und sollte nur die Bedeutung von Jesus hervorheben.

Dome: Also weiter. – „Danach rief Herodes die Jugendlichen heimlich zu sich und ließ sich von ihnen genau sagen, wann der Stern erschienen war."

Juli: Jetzt wird's kompliziert. Der Stern von Betlehem ist für uns ein Ideal, ein persönlicher Traum und Wunsch. Wie sagt man das?

Kristina: Umschreiben wir's doch einfach.

Julia: Gute Idee. – „Danach rief Herodes die Jugendlichen heimlich zu sich und ließ sich von ihnen genau sagen, wie lange sie diesem Ideal schon folgten. Dann schickte er sie nach Betlehem und sagte: Geht und forscht sorgfältig nach, wo das Kind ist; und wenn ihr es gefunden habt, berichtet mir, damit auch ich hingehe und ihm huldige."

Dome: So ein Hund, dieser Herodes!

Philipp: Typisch Politiker. Heucheln und lügen und Angst um die eigene Position haben.

Kristina: Völlig richtig. Am Text lässt sich wohl auch nicht viel machen.

Juli: Müssen wir auch gar nicht. Nur den letzten Teil. – „Und wenn ihr es gefunden habt, berichtet mir, damit auch ich hingehe und versuche, wie er zu werden. – Nach diesen Worten des Politikers machten sie sich auf den Weg. Und der Stern, den sie hatten aufgehen sehen, zog vor ihnen her bis zu dem Ort, wo das Kind war; dort blieb er stehen."

Benni: Das müssen wir wohl mal wieder umschreiben.

Julia: Das haben wir ja oben schon mal so ähnlich. Also: „Und sie folgten ihren Idealen und Träumen bis zu dem Ort, wo das Kind war; dort erkannten sie."

Dome: Was sollen sie denn erkennen? Wo nimmst du das her?

Julia: Wir müssen jetzt zwischen den Zeilen lesen. Schließlich wollen wir ja was aussagen.

Trine: Jetzt bin ich mal gespannt. Aber hört erst mal den Originaltext: „Als sie den Stern sahen, wurden sie von sehr großer Freude erfüllt. Sie gingen in das Haus und sahen das Kind und Maria und seine Mutter; da fielen sie nieder und huldigten ihm."

Philipp: Da gibt's wieder viel zu ändern.

Kristina: Wart erst mal. Ich glaub, es ist besser, wir ändern den kompletten letzten Abschnitt bis zum Schluss.

Julia: So dachte ich auch. – „Dann holten sie ihre Schätze hervor und brachten ihm Gold, Weihrauch und Myrrhe als Gaben dar. Weil ihnen aber im Traum geboten wurde, nicht zu Herodes zurückzukehren, zogen sie auf einem anderen Weg heim in ihr Land."

Dome: Aus die Maus. Happy End und gut ist.

Trine: Nee, wir müssen's erst noch ändern.

Julia: Ich denke mir das so: „Und sie folgten ihren Idealen und Träumen bis zu dem Ort, wo das Kind war; dort erkannten sie: Alle alten Ideale, denen sie gefolgt waren, und Träume, wie sie werden wollten, verblassten. Nicht wegen dieser Träume waren sie hergekommen, sondern wegen einer verborgenen Sehnsucht in ihren Herzen. Und da lag auch kein Kind in der Krippe wie einst. Was sie fanden, war die Wahrheit über die eigene Persönlichkeit. Sie hatten sich selbst gefunden, den Sinn in ihrem Leben – in ihrem eigenen Herzen. So, wie es prophezeit war. Denn Jesus sagt: Ich bin der Weg, die Wahrheit und das Leben."

Juli: Cool. Wer braucht da noch Gold, Myrrhe oder Weihrauch.

Dome: Von der Seite hab ich die Story noch gar nicht gesehen.

Kristina: Die Weisen als jeder Mensch – egal, wer!

Philipp: Herodes als Politiker ...

Trine: ... und Jesus als Weg, sein eigenes Ich zu erkennen.

Benni: Können wir die Geschichte jetzt noch mal komplett hören?

Die Huldigung der Sterndeuter – frei und modern nach Matthäus

Als Jesus zur Zeit des Herodes in Betlehem in Judäa geboren worden war, kamen Jugendliche von weither nach Jerusalem und fragten: „Wo ist der neugeborene Messias? Das Vorbild, nach dem alle leben sollen? Der perfekte Mensch? Wir sind unseren Träumen und Idealen gefolgt und sind gekommen, um wie er zu werden."

Als Herodes das hörte, erschrak er und mit ihm ganz Jerusalem. Er berief eine Konferenz aller Politiker und Schriftgelehrten des Landes ein und erkundigte sich bei ihnen, wo dieser Messias geboren werden solle. Sie antworteten ihm: „In Betlehem in Judäa, denn so steht es bei den Propheten: Du, Betlehem im Gebiet von Juda, bist keineswegs die unbedeutendste unter den führenden Städten von Juda; denn aus dir wird ein Fürst hervorgehen, der Hirt meines Volkes Israel." Danach rief Herodes die Jugendlichen heimlich zu sich und ließ sich von ihnen genau sagen, wie lange sie diesem Traum schon folgten. Dann schickte er sie nach Betlehem und sagte: „Geht und forscht sorgfältig nach, wo das Kind ist; und wenn ihr es gefunden habt, berichtet mir, damit auch ich hingehe und versuche, wie er zu werden." Nach diesen Worten des Politikers machten sie sich auf den Weg.

Und sie folgten ihren Idealen und Träumen bis zu dem Ort, wo das Kind war; dort erkannten sie: Alle alten Ideale, denen sie gefolgt waren, und ihre Träume, wie sie einmal werden wollten, verblassten. Nicht wegen dieser Träume waren sie hergekommen, sondern wegen einer verborgenen Sehnsucht ihrer Herzen. Und da lag auch kein Kind in der Krippe wie einst. Was sie fanden, war die Wahrheit über die eigene Persönlichkeit. Sie hatten sich selbst gefunden, den Sinn in ihrem Leben. So wie es prophezeit war. Denn Jesus sagt: „Ich bin der Weg, die Wahrheit und das Leben."

Gedanken zum Spiel und zum Bibeltext Mt 2,1–12

Da wurde schon alles gesagt …

26 Krisensitzung im Advent

Jes 60,1–2

Thema

Ich persönlich empfinde Weihnachten als eine der schönsten Zeiten im Jahr. Überall brennen Lichter, Fenster werden festlich geschmückt und an jeder Ecke singen Kinder Weihnachtslieder. Doch was erwarten wir uns von Weihnachten? Natürlich hofft jeder, möglichst reich beschenkt zu werden und Wünsche erfüllt zu bekommen, die man sich selbst nicht erfüllen kann oder will. Außerdem ist Weihnachten die Gelegenheit, mal wieder alle Verwandten an einen Tisch zu bekommen und von Freunden bedacht zu werden, von denen man das ganze Jahr nichts gehört hat. Zeit für Besinnung und Entspannung wäre auch schön, aber das geht meistens bei den Besuchen bei den Verwandten unter.

Doch ist es das, was an Weihnachten wirklich zählt? Teure Geschenke? Den Verwandten ein möglichst gelungenes Fest zu präsentieren? Ich glaube nicht, dass das der Grund ist, warum Gott seinen Sohn in diese Welt geschickt hat. Die Liebe Gottes zu uns Menschen ist der Grund, warum wir Weihnachten feiern. Nicht die Geschenke und das Essen. Gott hat den Menschensohn gesandt, als Zeichen seiner Liebe. Und diese Liebe sollen wir feiern und weiter geben. Und zwar nicht nur an Weihnachten.

Rollen

- Gruppe 1 (Arbeit): Krissy
- Gruppe 2 (Familie): Philipp, Jule, Julian, Julia (Vater, Mutter, Kinder)
- Gruppe 3 (Freunde): Julia, Dome, Juli, Franzi

Das Spiel

Gruppe 1

Krissy: Meine Herrschaften, ich will es kurz machen, ich habe noch ein wichtiges Meeting. Wie Sie sicherlich alle wissen, ist die Finanzkrise auch an unserem Unternehmen nicht spurlos vorbei gegangen. Unsere Umsätze sind drastisch eingebrochen, unser Haushaltsplan konnte nicht eingehalten werden. Das bedeutet für uns: sparen, wo es nur geht. Leider werden wir im nächsten Jahr auch nicht alle Arbeitsplätze erhalten können. Es tut mir leid, Ihnen das so kurz vor Weihnachten mitteilen zu müssen, aber ich kann Sie beide nicht mehr länger beschäftigen.

Gruppe 2

Philipp: Ich bin wieder zu Hause!

Jule: Hallo, mein Schatz! Wie war dein Tag? Ich kann dir sagen, die Kinder sind mal wieder aufgedreht … Sie liegen mir ständig mit den Weihnachtsgeschenken in den Ohren. Hoffentlich ist das bald vorbei …

Julia: Papa, Papa! Ich hab das super duper Weihnachtsgeschenk gefunden! Papa das musst du mir kaufen!

Julian: Nur, wenn ich nen neuen Laptop bekomm!

Philipp: Jetzt kommt erst mal zusammen. Wir müssen was bereden.

Jule: Ist was passiert?

Philipp: Meine Chefin hat mich heut entlassen. Die Firma baut Stellen ab. Sparmaßnahmen.

Jule: O mein Gott! Grad vor Weihnachten!

Julian: Heißt das, du sitzt jetzt den ganzen Tag zu Hause rum?

Julia: Und bist immer da, wenn ich aus der Schule komm?

Philipp: Vor allem heißt das, dass ich kein Geld verdiene.

Jule: Und das bedeutet, wir müssen sparen.

Julian: Also kein Laptop und kein super duper Geschenk.

Philipp: Nein. Keinen Laptop. Und auch sonst keine teuren Geschenke.

Julia: Und der Skiurlaub?

Philipp: Auch kein Skiurlaub.

Jule: Und wie geht das weiter?

Philipp: Ich werde wieder einen Job suchen und hoffen, dass ich bald was finde.

Jule: Ich werde sehen, ob ich nicht auch wieder in Teilzeit arbeiten kann. Aber wer ist dann daheim, wenn die Kinder von der Schule kommen?

Gruppe 3

Franzi: Bald ist Weihnachten!

Julian: Weihnachten wird dieses Jahr doof.

Juli: Warum?

Julia: Bei uns gibt's keine Geschenke.

Juli: Warum das denn?

Julian: Papa ist gekündigt worden. Die Firma muss sparen. Und jetzt müssen wir das auch.

Julia: Das heißt: keine Weihnachtsgeschenke, keinen Skiurlaub. Total doof alles.

Juli: Meinen Vater könnte das auch noch treffen. Den haben sie im Moment schon auf Kurzarbeit runter gesetzt.

Franzi: Ach, so ein Mist. Was macht ihr dann an Weihnachten? Ihr seid doch bisher immer Skifahren gegangen.

Julian: Dieses Jahr nicht.

Juli: Wir könnten doch aber was zusammen machen. Uns treffen. Und mal Schlittschuh laufen gehen. Und Schlitten fahren.

Julia: Da ist ne super Idee. Zwar nicht wie Skifahren, aber wenn wir schon mal zu Hause sind, dann können wir ja auch alle was gemeinsam machen.

Franzi: An den Weihnachtsfeiertagen bin ich aber nicht da. Wir verbringen Weihnachten immer bei Oma und Opa. Und unseren Familienurlaub im Sommer eigentlich auch immer. Meine Eltern haben nicht so viel Geld, dass wir in Urlaub fahren können.

Julian: Ihr macht Urlaub bei Oma und Opa?

Julia: Das könnten wir doch Mama und Papa auch vorschlagen! Die sehen wir sowieso so selten.

Julian: Die wohnen ja auch am Ende der Welt.

Julia: Aber im Gegensatz zu hier gibt es da immer Schnee im Winter!

Juli: Ich find Urlaub bei Oma und Opa auch gut. Die freuen sich bestimmt. Und wenn ihr da seid, dann unternehmen wir was gemeinsam.

Julian: Gern. Aber das mit den Geschenken ärgert mich. Ich wollte so gern einen neuen Laptop.

Franzi: Ihr könntet doch Weihnachtsgeschenke basteln. Das ist zwar kein Laptop und kein Fahrrad oder so, aber wenn jeder sich für den anderen eine Kleinigkeit ausdenkt, bekommt von euch jeder vier Geschenke.

Julian: Na ich weiß nicht ...

Julia: Dann wird Weihnachten dieses Jahr ja richtig besinnlich...

Gedanken zum Spiel und zum Bibeltext Jes 60,1–2

Ach ja, das ist wohl die eigentliche Botschaft des Weihnachtsfestes, die uns die Jugendlichen heute nahebringen wollen: Auf, werde licht, denn es kommt dein Licht und die Herrlichkeit des Herrn geht leuchtend über dir auf. Weihnachten – das Fest, auf dem so hohe Erwartungen ruhen. Das Fest, das Sehnsucht weckt, die sonst das ganze Jahr verschüttet ist. Das Fest, das Erinnerungen aufkommen lässt, Erinnerungen an Geborgenheit und Freude und Hoffnung. Aber Hoffnung ist nichts, an das man sich erinnern sollte, und Erwartungen erfüllen sich nicht von allein. Wenn wir erwachsen Weihnachten feiern wollen, müssen wir uns einbringen. Nicht noch mehr Weihnachtsstress, nein. Mehr Weihnachtssinn – den wir wieder aktiv suchen. Am besten geht das nicht in Geschäften und auf Partys. Am besten geht das in der Gemeinschaft. Danke ans Jugendgottesdienstteam – das habt ihr gut gezeigt!

27 Die Taufe des Herrn

Lk 3,15–16; 21–22 vorher lesen

Thema

Hier haben wir uns mit zwei Doppelversen aus der Geschichte von der Taufe Jesu beschäftigt. Wir haben herausgefunden, dass die Taufe des Johannes und die Taufe, zu der Jesus einlädt, von unterschiedlicher Prägung sind, und haben versucht, das irgendwie zu verstehen. Wichtig ist uns dabei natürlich unsere eigene Taufe. Was bedeutet sie für uns? Was bedeutet sie im Licht der Geschichte der Taufe des Herrn? Die Gemeinde ist eingeladen, mitzudenken. Denn so genau wissen wir es natürlich auch nicht.

Rollen

- Eine Klasse, etwa acht Jugendliche (Tamara, Dome, David, Sanja, Trine, Juli, Felix, Kristina)

Das Spiel

Tamara: Wow … hat irgendjemand von euch verstanden, was er da grade erzählt hat?

Dome: Aber klaro! … Also, nee, eigentlich nicht.

David: Ja, von wegen mit Wasser und Feuer taufen. Also Wasser leuchtet mir ja ein, aber Feuer?

Sanja: Also mit Wasser wird ja heute noch getauft, aber warum sollte Jesus mit Feuer taufen?

Trine: Ich glaube, dass das Feuer eher ein Synonym für den Heiligen Geist ist. Feuer ist doch das Zeichen des heiligen Geistes, oder?

Juli: Ja, ich meine auch, dass Feuer als Zeichen des Heiligen Geistes steht.

Felix: Also tauft Jesus nicht wirklich mit Feuer, sondern mit dem Heiligen Geist.

Tamara: Ja, aber wie soll das gehen? Ihr wisst doch, wie die Menschen sind. Man muss ja was dabei sehen, sonst glauben die's doch nicht.

Philipp: Heute wird doch auch mit dem Heiligen Geist getauft. Er ist quasi in dem geweihten Wasser.

Kristina: Also taufen wir doch mit Feuer und Wasser!

Trine: Ich glaube, wir dürfen das nicht so wörtlich nehmen mit dem Wasser und dem Feuer. Vielleicht sollten wir überlegen, was Wasser und Feuer bedeuten.

Dome: Also, ich wasche mich mit Wasser.

Sanja: Also ist die Taufe ein Waschen mit geweihtem Wasser?

Juli: Ja, irgendwie schon.

David: Das versteh ich nicht.

Philipp: Stell dir vor, du warst den ganzen Tag draußen und hast im Matsch rumgewühlt. Und wenn du heimkommst, gehst du duschen. Wie fühlst du dich danach?

David: Sauber?

Kristina: Und wie neu geboren.

Philipp: Genau. Du bist reingewaschen und wie neu.

Juli: Und mit der Taufe beginnt dein neues Leben als Christ. Du wäschst dich von deinem alten Leben und all den dunklen Flecken, die darauf waren, rein.

Felix: Wenn Johannes also mit Wasser tauft, dann wäscht er den Menschen rein?

Trine: Damals war die Taufe ja sowieso in einem richtigen Gewässer. Nicht wie bei uns heute mit einem Schluck Wasser aus einer Kanne über den Kopf. Sondern wirklich mehr ein Waschen.

Dome: Die Menschen taufen also mit Wasser und waschen dadurch die Täuflinge sozusagen rein. Aber Jesus tauft anders? Mit Feuer oder Geist?

Tamara: Ich nehme an, dass die Bibel deshalb das Feuer als Zeichen des Heiligen Geistes nimmt, weil das einfacher zu deuten ist. Unter Heiliger Geist kann man sich ja nur schwer was vorstellen.

Sanja: Das klingt logisch. Also für was steht Feuer?

Dome: Für Brennen.

Juli: Da gibt's doch dieses Lied: „Einer hat uns angesteckt, mit der Flamme der Liebe …"

Kristina: Also setzt Jesus quasi in Brand. Also bildlich gesprochen.

Trine: Ja, klar! Jesus tauft mit dem Heiligen Geist, dem Feuer. Er setzt uns in Brand, steckt uns an mit dem Glauben. Entfacht in uns ein Feuer, mit dem wir andere in Brand stecken können.

Philipp: Wenn Johannes also mit Wasser tauft und den einzelnen Menschen rein wäscht, dann gilt das immer nur für diese eine Person. Der, der getauft ist, ist rein. Wenn aber Jesus tauft, entfacht er ein Feuer in uns, das wir weiter tragen können. Er ändert also etwas in uns.

Tamara: Übertragen wir das mal: Wenn Johannes für den Menschen an sich steht, dann bedeutet das, dass der Mensch nur mit Wasser taufen und äußerlich rein machen kann. Jesus aber tauft mit dem Heiligen Geist, der wie ein Feuer ist, und ändert das Leben innerlich und von Grund auf.

Felix: Ja, das klingt gut. Aber da gibt es noch etwas, das ich nicht versteh. Warum erscheint Gott in Form einer Taube und sagt diesen Spruch zu Jesus: „Du bist mein geliebter Sohn …" und so?

Trine: Die Taube ist leicht zu verstehen. Sie steht für Frieden und Freiheit, Hoffnung und die Verbindung zwischen Himmel und Erde.

Dome: Ja, aber warum das mit dem geliebten Sohn? Sind wir nicht alle Kinder Gottes?

Juli: Ja, eben. Wir sind alle Kinder Gottes. Und deshalb alle von ihm geliebt. Bedingungslos.

Sanja: Gilt das auch für Töchter? Oder nur für Söhne?

Philipp: Das gilt auch für Töchter. Das darf man ruhig übertragen. Ist halt so ne Übersetzungssache.

Kristina: Wenn ich mich also taufen lasse, dann lasse ich mich von Gott als Sohn oder Tochter annehmen.

David: Und weil ich mit Wasser *und* mit dem heiligen Geist getauft werde, werde ich von meinen früheren Sünden rein gewaschen und gleichzeitig ändert sich etwas in mir durch das Feuer, das in mir entflammt wird.

Trine: Ich werde also von außen mit Wasser rein gewaschen und von innen verbrennt das Feuer alles Alte und Falsche und entflammt mich für etwas Neues.

Tamara: Also ist die Taufe ein Zeichen der Befreiung. Wir werden von allem, was uns vom wahren Leben trennt, befreit und beginnen ein neues Leben als Kinder Gottes, die bedingungslos und ewig geliebt werden.

Gedanken zum Spiel und zum Bibeltext Lk 3,15–16; 21–22

Da wurde schon alles gesagt …

28 Der Kreuzweg – ein Relikt aus vergangenen Zeiten?

Thema

Jesus Christus starb für unsere Sünden am Kreuz. Und obwohl ihm auf seinem letzten Gang nach Golgatha einer seiner Anhänger sein Kreuz tragen wollte, hat er abgelehnt und seine Last selbst getragen. Noch heute findet das Bild, dass jeder „sein Kreuz zu tragen" hat, in unserem Sprachgebrauch Verwendung. Und tatsächlich sind der Kreuzweg und die Leiden Jesu etwas, das uns jeden Tag begegnet.

Heute wird (bei uns) niemand mehr gefoltert und gekreuzigt, aber dennoch hat jeder etwas, das ihn belastet, hat jeder sein Kreuz zu tragen. Das können Schicksalsschläge sein, die uns aus unserem Alltag reißen, aber auch einfach der Druck, der in der Arbeit, in der Schule oder bei der Berufsfindung auf uns lastet. Aber auch die Pubertät kann belastend sein, für die Eltern gleichermaßen wie für die Jugendlichen selbst.

Auf jedem von uns lastet ein Gewicht, das es zu tragen gilt, bis der Weg zu Ende ist. Doch wie schwer die Last auch sein mag, es gibt jemanden, der uns begleitet und der uns von Zeit zu Zeit hilft, unsere Last zu tragen. Er ist immer an unserer Seite und verlässt uns nicht. Und dann muss ich immer an das Gedicht von Margaret Fishback Powers denken: Spuren im Sand. Lest es euch mal durch.

Rollen

- Sechs Stationen: s. dort

Das Spiel

Station 1: Pubertät

Franzi gammelt vor sich hin, die Eltern kommen rein.

Mutter: Hey, mein Spatz!

Franzi: Was wollt ihr denn?

Mutter: Tante Anne hat angerufen. Sie kommt uns am Wochenende besuchen.

Franzi: Und?

Mutter: Da sie übers Wochenende bleibt, muss sie ja irgendwo schlafen.

Papa: Und wir dachten, dass du ihr sicher gern dein Zimmer überlässt.

Franzi: Mein Zimmer? Habt ihr nen Knall?

Papa: Aber nicht so, meine Liebe!

Franzi: Und wo soll ich dann schlafen? Auf dem Fußboden vielleicht? Oder bei euch auf der Ritze?

Mutter: Wir dachten tatsächlich, dass du bei uns im Schlafzimmer schläfst. Allerdings auf der Liege.

Franzi: Auf dem alten Teil? Das klappt doch zusammen, sobald man da nur ein Handtuch drauflegt!

Mutter: Nun komm. Zwei Nächte wird das wohl gehen, oder?

Franzi: Kann ich nicht auf dem Sofa im Wohnzimmer schlafen?

Papa: Nein, das geht nicht. Du bist um elf im Bett, meine Liebe. Da wollen wir Erwachsenen uns noch unterhalten.

Franzi: Warum muss die olle Tante unbedingt über Nacht bleiben?

Papa: Rede nicht so von Tante Anne! Außerdem wohnt sie 300 km weit weg und kommt extra mit dem Zug.

Franzi: O wie toll! Was muss sie auch so weit weg wohnen? Dann schlaf ich eben bei Tom.

Mutter: Kommt nicht in Frage!

Franzi: Warum? Da kann ich wenigstens in einem vernünftigen Bett schlafen.

Mutter: Du bist viel zu jung, um bei Jungs zu übernachten.

Franzi: Tom ist mein Freund!

Papa: Das ist ganz egal. Solange du nicht volljährig bist, wirst du mit keinem männlichen Wesen ein Zimmer und schon gar nicht ein Bett teilen!

Franzi: Ihr seid so altmodisch! Susi darf auch bei ihrem Freund schlafen. Und Steffi, und Anna! Nur ich nicht!

Papa: Das ist egal! Du bleibst hier und schläfst auf der Liege und damit basta!

Franzi: Ihr seid so scheiße!

Station 2: Gruppenzwang

Juli, Kristina, Trine stehen da, Julia kommt dazu.

Julia: Hallo, Leute! Danke, dass ich jetzt bei euch mitmachen darf.

Kristina: Jo. Kein Problem. Nimm dir erst mal n Bier.

Julia: Nee, du, danke. Ich trink keinen Alkohol.

Juli: Ja, wie? Bei den Großen mitmischen wollen, aber nichts trinken? Es ist unhöflich, so ein Angebot auszuschlagen! Los, trink schon eins! Ist doch nix dabei!

Julia: Ich möchte wirklich nicht, danke.

Trine: Nur nicht so schüchtern. Da. Ich hab dir eins aufgemacht.

Juli zieht einen Umschlag aus der Hosentasche.

Juli: Schaut euch mal an, was mir mein großer Bruder mitgebracht hat.

Kristina: Oh, das sieht aber gut aus! Komm, dreh uns doch gleich mal eine!

Juli: Nichts da! Das ist mein Stoff.

Julia: Ist das …

Trine: Du wirst niemandem erzählen, was das ist!

Julia: Aber ihr raucht dieses …

Kristina: Komm schon. Jeder raucht doch dieses Zeug. Es geht doch schon gar nicht mehr anders.

Julia: Aber das sind Drogen. Das ist doch illegal.

Juli: Legal, illegal, scheißegal.

Trine: Komm am Wochenende erst mal mit auf die Party beim Big Boss. Da werden wir dir zeigen, was Drogen sind.

Julia: Aber das will ich doch gar nicht!

Kristina: Das will sie nicht! Pass mal gut auf! Wenn du zu uns gehören willst, dann wirst du schön das tun, was wir dir sagen. Ansonsten kannst du dich gleich vom Acker machen.

Trine: Und wehe, du sagst auch nur ein Sterbenswörtchen zu irgendeiner Menschenseele. Dann bist du dran!

Station 3: Leistungsdruck

Julian, Sanja, Felix warten, Tamara kommt dazu.

Tamara: Hallo, Leute! Entschuldigt die Verspätung.

Felix: Mensch, wo warst du so lange? Der Film fängt in fünf Minuten an!

Tamara: Ich musste noch meine Hausarbeit fertig machen. Die muss ich am Montag abgeben.

Julian: Und das kannst du nicht morgen machen?

Tamara: Nein. Meine Eltern haben gesagt, dass sie bis heute fertig sein muss, damit sie sich die Arbeit noch mal durchlesen können, falls was verbessert werden muss.

Sanja: Deine Eltern lesen sich deine Hausarbeit vorher durch?

Tamara: Ja. Es muss ja immer im Einser-Bereich liegen. Auf keinen Fall schlechter als „2". Sonst schaff ich meinen Schnitt nicht. Meine Eltern wollen, dass ich Medizin studiere und die Praxis meines Vaters übernehme.

Felix: Und das willst du auch?

Tamara: Meine Eltern wollen nur das Beste für mich.

Julian: Na ja, was soll's. Gehst du morgen was trinken mit uns?

Tamara: Ich kann nicht. Ich habe nachmittags Klavier und abends Ballett.

Sanja: Kannst du das nicht mal ausfallen lassen?

Tamara: Nein, auf gar keinen Fall. Die Stunden kosten meine Eltern ein Vermögen. Außerdem muss ich in sechs Wochen für „Schwanensee" vortanzen und Ende des Monats ist das große Jahreskonzert unserer Musikschule. Da muss ich noch jede Menge üben.

Felix: Wie bringt man nur so viele Dinge unter einen Hut?

Julian: Gar nicht! Siehst du doch! Gnädiges Fräulein muss in der Schule die Beste sein und beim Klavier und beim Ballett und sie soll in Papas Fußstapfen treten – und was ist mit uns? Mit deinen Freunden? Für uns hast du keine Zeit mehr! Tolle Freundin, ehrlich!

Station 4: Druck / Erwartung an sich selbst

Julia Selbstgespräch vor dem Spiegel.

Julia: O Mann! Ich bin viel zu fett! Kein Wunder, dass Tom Schluss gemacht hat. Mit so einer fetten Kuh will doch niemand zusammen sein! Dieser Hüftspeck! Und mein Hintern ist auch viel zu dick. Und die Oberschenkel. Anna nennt sie Sauerkrautstampfer. Nur weil die so knochendürr ist. (…) Aber ich muss unbedingt abnehmen. So krieg ich die Rolle beim Theater nie. Die nehmen keine so fetten Leute wie mich. Und ich brauche die Rolle! Wie soll ich sonst jemals auf die Schauspielschule kommen, wenn ich vorher noch nie ein größeres Theater gespielt hab? (…) O ich muss auch unbedingt noch den Text für das Vorspielen lernen! (…) Aber ich muss noch so viel für die Schule machen. Ich kann mir nicht noch eine „3" in Mathe erlauben. Das ruiniert meinen ganzen Schnitt! Eine „1" muss am Ende des Schuljahres schon vor dem Komma stehen. Sonst kann ich die Schauspielschule auch vergessen. Die nehmen nur sehr gute Schüler. Und eben schlanke Mädchen. (…) Kann man abnehmen und lernen nicht irgendwie kombinieren? Von den Hüften runter direkt ins Gehirn? Das wär mal was …

Station 5: Schicksalsschläge

Tagebucheintrag Felix:

Liebes Tagebuch, ich weiß nicht mehr weiter. Meine Eltern streiten sich seit Wochen. Jeden Abend, wenn ich im Bett liege, höre ich, wie sie sich anschreien und dann die Türen schlagen. Und tagsüber schweigen sie sich nur noch an. Als ich gestern Abend kurz in die Küche bin, um was zu trinken, habe ich gehört, wie Papa gerufen hat, dass er die Scheidung will. Ich habe Mama im Wohnzimmer sitzen sehen. Sie hat geweint. (…) Was wird aus uns, wenn sie sich scheiden lassen? Was wird aus dem Haus? Und bei wem werde ich wohnen? Ich liebe sie doch beide. Sie sind doch meine Eltern. (…) Papa kann nicht kochen. Ich werde dann bestimmt zu Mama gehen. Sie wäscht auch die Wäsche und putzt das Haus. Aber ich brauche doch Papa für Mathe. Das kann Mama nicht. Und ich darf nicht noch mal sitzen bleiben. Außerdem trainiert Papa mit mir Basketball. Das kann Mama auch nicht. (…) Was wird mit meinen Freunden wenn ich wegziehen muss? Und die Musikschule. Kann sich meine Mama den Unterricht noch leisten? Das will ich nicht aufgeben. (…) Und was werden die anderen denken, wenn ich mir keine neuen Sachen mehr leisten kann? Und nicht mehr so oft mit meinen Freunden weg kann. Geschiedene Leute haben immer zu wenig Geld … (…) Ich habe so Angst. Ich weiß nicht, was kommen wird. Und was aus mir wird. Mein ganzes Leben bricht gerade in lauter Einzelteile. Meine ganze Kindheit. Alles Scherben. Wie soll man da erwachsen werden?

Station 6: Ausbildung

Trine, Benni, Kristina, Julian, Juli

Trine: Leute, ihr werdet es nicht glauben! Ich hab einen Studienplatz!

Kristina: Wow! Glückwunsch!

Benni: Ich weiß noch gar nicht, was ich machen will. Es gibt so viele Sachen, die mich interessieren.

Julian: Dann mach doch erst mal ein paar Praktika.

Benni: Das ist nicht so leicht. Die meisten Betriebe bieten keine Kurzpraktika an. Da musst du dann mindestens drei Monate sein. Und das kostet unheimlich viel Zeit.

Kristina: Ich will sowieso erst mal ins Ausland. Mal ein bisschen was sehen von der Welt. So eine Kombination aus Urlaub und Geld Verdienen. Und dann sehen wir weiter.

Julian: Ich steig bei meinem Vater in den Betrieb ein. Einen sichereren Ausbildungsplatz könnte ich gar nicht haben. Außerdem ist so ein Familienbetrieb doch echt cool.

Juli: Ich weiß noch gar nicht, ob ich das Abi überhaupt pack. Diese verdammten Fremdsprachen bringen mich um.

Julian: Wo ist das Problem? Ich hab auch kein Abitur.

Juli: Ich würde aber gern studieren. Und dafür sollte man Abitur haben, oder?

Trine: Ja, das stimmt allerdings. Was ist denn mit Nachhilfe?

Juli: Krieg ich schon. Ich hoffe, das hilft was.

Benni: Ist gar nicht so einfach mit der Berufswahl. Erst mal die Frage: Was mache ich überhaupt?

Kristina: Und dann die Frage: Bin ich gut genug?

Juli: Du musst heutzutage schon ziemlich früh wissen, was du machen willst. Wenn du nach dem Abitur feststellst, dass es nicht reicht, ist es zu spät.

Julian: Und dann musst du noch einen Job suchen, mit dem du bei der heutigen Arbeitsmarktsituation auch angestellt wirst.

Trine: Ja, ist gar nicht so einfach alles …

Juli: Und woher sollen wir das denn so früh schon alles wissen? Dürfen wir nicht erst mal Kind sein?

Kristina: Das scheint heute kaum mehr möglich zu sein. Alles muss geplant werden. Und am besten müssen die Eltern schon mal vorplanen, damit die Grundlagen stimmen und man nicht so eingeschränkt ist, später.

Julian: Am besten man wird Totengräber: Gestorben wird immer!

Gedanken zum Spiel und zur Passionsgeschichte

Jesus kam nach Jerusalem. Und er wusste, was ihn erwartete. Er hörte die Leute jubeln, sie hofften so viel, sie hofften, aber sie verstanden nicht. Kein König wollte er sein, der den anderen vom Thron stieß. Er wollte mehr. Er wollte Befreiung, Erlösung, Fülle. Er sah seine Jünger zweifeln: Warum zeigt er nicht endlich, was in ihm steckt? Sie liebten ihn. Aber sie verstanden nicht. Kein Wundermann wollte er sein. Sondern Gott zeigen in seiner Liebe. Er bekam den Hass der Soldaten zu spüren, der Mächtigen, im Staat und im Kult. Sie fürchteten seine Beliebtheit. Aber sie verstanden nicht: Es ging nicht um sie, nicht gegen sie – es ging um Gottes eigene Schöpfung. Er starb, als sie ihn nicht mehr lebend wollten – er starb wie das Weizenkorn: Im Sterben bringt es neues Leben. Zehnfach und hundertfach und ewig.

Wir bedenken an diesen Tagen den Leidensweg Jesu. Die Leidenswege der Menschen, die bei uns und mit uns leben – und unsere eigenen – bedenken wir mit. Sie mögen uns weniger dramatisch, weniger bedeutsam, weniger „heilig" erscheinen – aber Jesus hätte sie angesehen. Jesus sieht sie an. Jesus sieht sie an und deutet ans Kreuz: „Leg sie hin, leg sie ab. Und dann komm: Komm in meine Arme."

Jugend in der Kirche

V&R

Bernd Beuscher
Set Me Free
Jugendarbeit als Lebens- und Berufsorientierung

2011. 189 Seiten mit 7 Abb., kartoniert
ISBN 978-3-525-58029-5

Wer sich für Jugendarbeit engagiert, muss wissen, was die Jugendlichen bewegt: »Wer bin ich?«, fragen sie – aber die Erwachsenen ringsum fragen: »Was willst du werden?« Die zweite Frage ist ohne die erste nicht zu klären und beides ist eine Chance für relevante Jugendarbeit: sich diesen Fragen im Zusammenhang zu stellen und gemeinsam mit den Jugendlichen nach Antworten zu suchen. Bernd Beuschers Buch ist von vorn wie von hinten zu lesen: Hinten sind die praktischen Beispiele, vorn Informationen zu den Grundlagen des Konzepts. Vorn wie hinten – im Mittelpunkt stehen die Jugendlichen.

Christoph Hilsberg
Jugend in der Kirche
Konzepte für Gemeinden, Teamer, Mitarbeiter in der Jugendarbeit

2011. ca. 144 Seiten, kart.
ISBN 978-3-525-58024-0

Die lebhafte Teilnahme Jugendlicher an Kirchentagen oder Freizeiten in Taizé belegt: Jugendliche haben sowohl ein großes Bedürfnis an guter Gemeinschaft als auch an spirituellem Erleben. Beides könnte die christliche Gemeinde erfüllen – wenn sie offen genug, interessiert genug ist und sich kreativ mit den Bedürfnissen ihrer Jugend auseinandersetzt.

Das Buch ist ein leidenschaftliches Plädoyer dafür, sich gegenseitig diese Chancen nicht entgehen zu lassen. Es bietet ein Tableau relevanter Themen von »Arbeitsplatz« über »Liebe« bis »Zeitgeist« und attraktiver Formen in der Jugendarbeit. Konkrete Beispiele, Checklisten und Modelle machen den Neuanfang leicht.

Ingo Albert Molter / Antje Hill (Hg.)
Jugend macht Kirche
Ein Werkbuch für Gottesdienstgruppen

2011. ca. 144 Seiten DIN A4, mit Kopiervorlagen, kartoniert
ISBN 978-3-525-63033-4

Zehn Jugendliche und ein Hauptamtlicher machen Gottesdienst? – Wie das geht, zeigt ihr Werkbuch: Es bietet präzise Anleitungen zur Vorbereitung und Durchführung sowie 16 komplette Beispiele.

Vandenhoeck & Ruprecht